[개정판]

영국 낭만시 연구

경북대학교학술총서 17

[개정판]

영국 낭만시 연구

김 철 수

경북대학교출판부

김철수(金撤洙)

서울대학교 문리대 영어영문학과 졸업. 문학박사.
1978년~현재: 경북대학교 영어영문학과 교수.
주요 저서로는 『영미시론』(1997), 『현대 영미시 연구』(1999), 『슬픈 아일랜드 마법사 예이츠의 초월시학』(2012)이 있으며, 「예이츠: 권위와 비극의 문화정치」 등 50여 편의 논문을 발표하였음.
e-mail: cskim@knu.ac.kr
http://blog.paran.com/angus

경북대학교학술총서 17
영국 낭만시 연구 [개정판]

초판 1쇄 2005년 6월 25일 | **개정 6쇄** 2024년 8월 30일
지은이 김철수 | **펴낸이** 홍원화 | **펴낸 곳** 경북대학교출판부
출판등록 1973년 10월 10일 ㉮97호 | **주소** 대구광역시 북구 대학로 80
전화 053-950-3830 | **팩스** 053-953-4692 | **E-mail** press@knu.ac.kr
ISBN 978-89-7180-350-9 93840

책머리에

18세기 후반기 마지막 20년에서 19세기 초반기 30년에 이르는 이른바 '영국 낭만주의 시대'는 급격한 사회변동의 시기였다. 미국독립전쟁, 프랑스혁명, 나폴레옹전쟁, 산업혁명 등 엄청난 사건의 소용돌이 속에서 진보적 지식인들은 자유, 평등, 박애의 실현을 위해 몸부림쳤다. 인간의 기본적 권리, 개인과 사회의 관계, 문학과 예술의 사회적 역할 등 현대의 주요 관심사들 대부분이 이 시기에 논의되고 기본 방향이 설정되었다. 그러기에 21세기를 사는 현대인들은 19세기 초반기에 형성된, 낭만주의라는 거대한 혜성의 꼬리부분에 살고 있는 셈이다.

이 책은 영국 낭만주의 시인들에 대한 저자의 연구성과를 하나로 묶은 것이다. 최근까지 연구해 온 내용들, 발표해 온 논문들을 한 걸음 뒤로 물러나 차분하게 다시 검토하였다. 이전에 쓴 글들을 꺼내 하나하나 다시 고쳐 쓰는 작업은 새로운 글을 준비하는 일 못지않게 매우 생산적인 작업이었다. 인문학도임을 자처하는 이상, 우리는 투박한 내용의 정교화와 세련화에도 응분의 노력을 기울여야 하기 때문이다. 이 책은 또한 영국 낭만주의 시문학의 기풍에 대해 다시 생각해 보는 계기가 되었다. 그래서 저자는 신고전주의 문학의 전반적 특질을 정리한 뒤에, 낭만주의 시문학의 기풍과 특질을 시대사조의 맥락에서 정리하여 서론으로 삼았다.

이 책의 출간을 맡아 애써준 경북대학교출판부에 감사의 말을 전하고 싶다. 이번 작업 내내 필자는 출판부 편집진들과 긴밀한 상호 교감 속에서 일할 수 있었다. 원고에 대한 애정을 바탕으로 편집과 디자인 작업에 최선을 다해 준 이들에게 다시 한 번 고마움을 전한다.

2005년 6월, 청람재(靑藍齋)에서

목차

1. 모래알 하나에서 세상을, 순간에서 영원을

1 오거스턴 에토스

1770년 잉글랜드 북서부 호수지방(Lake District)에서 후일 "영국 낭만주의의 아버지"(the father of English Romanticism)란 칭호를 부여받게 될 워즈워스(William Wordsworth: 1770-1850)가 태어났을 때, 영국시는 이미 근본적 변화의 국면으로 접어들고 있었다. 포프(Alexander Pope), 스위프트(Jonathan Swift), 존슨(Samuel Johnson) 등 이른바 '오거스턴 시대'(the Augustan Age: 1700-1745) 문인들의 미학은 이제 더 이상 사람들의 마음을 움직일 수 없는 상황에 이르게 된다. 세련된 지성, 엄격하게 훈련된 장인정신, 독서대중을 계몽해야 하는 당위성에의 집착 등 신고전주의 미학의 핵심을 이루는 전범들은 1770년대로 접어들자 현실과는 동떨어진 진부한 것으로 여겨지기 시작한다.

포프의 시대에 시란 무엇보다도 현실의 관심사를 잘 반영하는 사회적 성격의 예술이어야 했다. 시인은 사적인 정감을 서정적으로 토로한다거나 친숙한 경험을 고백조로 두서없이 나열하는 것을 피해야 했다. 대신에 '명증성'(clarity), '균형미'(balance or poise), '조화'(harmony)가 구현된 언어예술을 창출함으로써 기독교문명과 고전문화의 전통적 가치들을 결정화(結晶化, crystallization)하는 데 목표를 두어야 했다. "[사람들은] 웅변에는 귀 기울이지만, 시는 귓전으로 흘려버린다"(eloquence is heard, poetry is overheard)는 존 스튜어트 밀(John Stuart Mill)의 진술[1]은 어디까지나

---

1) "Eloquence is feeling pouring itself out to other minds. [...] poetry ... is

빅토리아 시대 초기의 '후기낭만적'(post-Romantic) 상황을 등식화한 것일 뿐이다. 포프에서 존슨에 이르는 시대에 생산된 '서간시'(epistle), '풍자시'(satire), '철학적 서설 성격의 시'(philosophical exordium)들을 특징짓는 것은 공적인 혹은 시사적인 목소리들이며, 이 점을 감안할 때 오거스턴 시대의 엘리트 독자들은 웅변과도 같이 낭랑하게 울려퍼지는 시인의 목소리에 귀 기울였을 것임이 분명하다.

18세기 시인들은 서구문화의 축적된 지혜와 거기에서 샘솟는 영적 전통이 건재하다는 신념 하에 스스로를 그러한 전통의 수호자이자 계승자라고 생각했다. 존슨의 유명한 시 제목을 인용하자면, 그들은 축적된 지혜에 기대어 "인간의 덧없는 욕망"(the vanity of human wishes)을 풍자적 필치로 선명하게 부각시킬 수 있었다. 그들은 그리스 · 로마 현인들의 정전이나 기독교 정전에 명문화된 문화적 이상과 도덕적 기준에 비추어 개인과 사회의 결점과 위선과 특이한 성벽들을 돋을새김하듯 선명하게 부각시켜 보여줌으로써 인간을 교화하고 더욱더 개명된 사회를 건설하려 하였다. 포프, 존슨, 스위프트 모두가 고정된 위계적 가치체계와 사회질서를 고수하며, 그러한 가치체계의 보루(堡壘) 위에서 자기 시대 인간의 우매(愚昧, folly)와 사회적 부패를 향해 공격의 화살을 퍼붓는다. 풍자가 그 시대의 대표적 문학장르가 될 수 있었던 것은 바로 이러한 상황논리가 지배했기 때문이다. 그래서 존슨의 『인간의 덧없는 욕망』(The Vanity of Human Wishes: 1749)처럼 포프의 『머리타래의 겁탈』(The Rape of the Lock: 1712, 1714)과 『바보들의 행진』(The Dunciad: 1728, 1742)은 개

soliloquy in full dress, and on the stage. [...] But no trace of consciousness that any eyes are upon us must be visible in the work itself. [...] Eloquence is heard, poetry is overheard. Eloquence supposes an audience: the peculiarity of poetry appears in the poet's utter unconsciousness of a listener." John Stuart Mill, "What is Poetry," in *Monthly Repository,* NS VII (1933), 60-70 [65]. Isobel Armstrong, *Victorian Poetry : Poetry, Poetics and Politics* (London and New York: Routledge, 1993), 137에서 재인용.

인과 연인과 부부 사이의 관계를 비롯하여 사회의 모든 부문에 "이성의 빛"(light of reason)을 비추어 그들의 결점과 위선을 백일하에 드러냄으로써 그들을 갱생의 길로 나아가게 하는 계몽의 방식들을 보여주었다. 요컨대, 오거스턴 시대에 시란, 외로운 인간이 자연 속에서 경험하게 되는 "개인적 비전"(personal vision)의 기록이 아니라, 삶의 질을 드높이는 데 관심이 많았던 세련된 도시인들을 대상으로 그들을 교화·계몽할 목적으로 행해지는 "공적인 발언"(public address)이었다.

그렇다면 공적 발언의 효과를 높이고 시적 권위를 행사하기 위해 그들은 어떤 방식으로 시를 지었던 것일까? 그들이 가장 효과적이라고 생각했던 것은 연속된 두 개의 시행을 하나의 단위로 묶어 그것을 정교하게 다듬는 이른바 "2행짝짓기"(coupling) 방식이었다. '상사'(parallel), '대비'(contrast), '대칭'(symmetry) 등의 기법에 기대어 '2행단위'(couplet) 내에서 하나의 관념을 완결짓고, 이어서 다음 2행단위에서 앞의 관념을 누적적으로 발전시키거나 역전시키는 방향으로 시상을 전개함으로써 고전적 균형미에 도달하려 하였다. 2행단위의 "형식적 균형"(formal balance)과 "우아한 대칭 구도"(elegant symmetry)는 특히 반어적 의미를 조성하는 데 매우 효과적이다.『머리타래의 겁탈』에서 포프가 위선적인 사회의 저속한 가치들을 익살스럽게 폭로하는 다음 대목은 2행단위 형식의 강점을 보여주는 좋은 예가 될 수 있다.

> Not louder shrieks to pitying heaven are cast
> When husbands, or when lap dogs breath their last;
> Or when rich china vessels fallen from high,
> In glittering dust, and painted fragments lie.[2]

---

2) William K. Wimsatt Jr., ed., *Alexander Pope: Selected Poetry and Prose* (New York: Holt, Rinehart and Winston, 1951), 99-100.

이보다 더한 비명소리 측은지심 하늘로 내지른 적 없었네,
남편이, 혹은 애완견이, 마지막 숨결 몰아쉴 때,
혹은 높은 곳에서 떨어진 화려한 자기그릇들이
번쩍이는 먼지로, 채색된 파편으로, 박살이 나 놓여있을 때.

이 시의 주인공 벨린다(Belinda)는 부잣집 무남독녀 외동딸로 콧대 높기로 소문이 난 처녀이다. 평소에 그녀를 흠모하던 한 청년이 무도회에서 그녀를 골탕먹일 양으로 그녀 뒤로 살금살금 다가가서는 고리모양의 머리타래 한 가닥을 싹둑 자르는 순간 그녀는 비명을 내지르며 기절한다. 인용된 시구에는 엄밀하게 계산된 대비적 요소들이 교묘하게 배치되고 있다. 남편의 죽음과 애완견의 죽음, 도자기의 부서짐, 그리고 처녀성의 상실, 그 모두가 동일한 수준으로 처리되면서 높은 곳에서 낮은 곳으로 끌어내려진다. 그 결과 현상계의 모든 사건과 사물들은 어느 것이 더 중요하고 덜 중요한 게 없다는 결론을 우리는 자연스럽게 받아들이게 되는 것이다.

2행단위는 위풍당당한 '경구'(警句, epigram)와 지혜가 담긴 '금언'(金言, maxim)을 위해서도 매우 효과적이었다. 부의 위험성을 적시하는 존슨의 다음 시구의 경우, 그 단호한 언술의 힘은 2행단위의 당당한 리듬과 연속된 두 시행을 단단히 결속시키는 압운에 의해 더욱더 고조되고 있음을 알 수 있다.

Wealth heaped on wealth nor truth nor safety buys,
The dangers gather as the treasures rise.[3)]

---

3) Samuel Johnson, *The Vanity of Human Wishes, in Samuel Johnson*: *Rasselas, Poems, and Selected Prose,* ed., Bertrand H. Bronson (New York: Holt, Rinehart and Winston, 1971), 52.

부에 부가 쌓인다 한들 진리도 안전도 사지 못하며,
보물이 솟아오르면 위험도 더해지게 마련인 것을.

존슨과 포프는 자기 시대 인간들의 결점과 위선을 통렬하게 비판하지만 그렇다고 스스로를 윤리적 수정주의자로 간주하거나 또는 자칭 예언자로 행세하지는 않았다. 인간은 교육에 의존하기보다는 오히려 전통과 권위가 담긴 명판금언들을 마음에 새겨 그것을 금과옥조(金科玉條)로 떠받들어야 한다고 그들은 생각하였다. 그들에게 시의 목적은 콜리지의 "늙은 뱃사람"(ancient mariner)처럼 미지의 세계와 미지의 의식 영역을 탐험하거나 예법과 의무와 취향과 관련된, 오랫동안 존중되어 온 가설에 도전하는 데 있는 것이 아니었다. 정제된 언어와 번득이는 기지로 영속적인 진리를 반복해서 환기시켜 주는 것이 바로 시의 본령으로 간주되고, 그래서 문학의 본질에 대한 포프의 명제적 진술은 이렇게 개진된다.

True Wit is Nature to advantage dress'd;
What oft was thought but ne'er so well expressed.
(*An Essay on Criticism*, 71)

진정한 문학이란 맵시 있게 치장된 자연인 것을.
흔히 생각은 하면서도 그토록 잘 표현된 적은 없었던 것.

시인이 기존의 진리를 예술작품의 형태로 세상에 내놓으려면 보편적 진리가 삶의 다양한 상황적 디테일에 의해 흐려지는 일이 없도록 세심한 주의를 기울여야 한다. 다양성과 다산성이 복합적으로 얽혀 있는 자연은 고전적 판단을 담은 정전이 지시하는 바에 따라 질서정연하게 조직화되고 "맵시 있게 치장되어야" 하는 것이다. 『라셀라스』(Rasselas: 1759)에서 존슨도 그런 생각을 다음과 같이 피력하였다.

> The business of a poet ... is to examine not the individual but the species; to remark general properties and large appearances: he does not number the streaks of the tulip; or describe the different shades in the verdure of the forest. He is to exhibit in his portraits of nature such prominent and striking features as recall the original to every mind, and must neglect the minuter discriminations. (628)

> 시인의 임무는 개체가 아닌 종(種)을 탐구하고, 보편적 속성과 일반적인 현상에 대하여 발언하는 데 있다. 시인은 튤립의 줄무늬 수를 헤아린다거나 녹음이 우거진 숲 속의 다양한 음영들을 묘사하지 않는다. 시인은 자기가 그리는 자연의 초상화를 통해 사물의 두드러진 특질, 모든 사람의 마음속에 근원을 환기시킬 수 있는 그러한 특질들을 보여주어야 하며, 보다 미세한 차별적 속성들은 무시해야 한다.

이 진술에는 또한 오거스턴 시대 시인들의 기풍과 그 기풍을 떠받치는 형이상학과의 상관관계가 잘 드러나 있다. 간단히 말해서 그 형이상학은 "자연법칙"(natural law)에 대한 믿음에 기초를 둔 형이상학이다. 개인 특유의 신조나 숭배의 형식이나 믿음의 다양한 형식들과는 상관없이 모든 사람들에게 보편적으로 적용되는 가치체계가 엄연히 존재한다는 사실에 그 형이상학은 동의하였다. 포프의 잠언과도 같은 표현을 빌리자면, "전능하신 하느님은/ 부분적인 법칙이 아닌 보편법칙에 따라 행동하기 때문이다"(the Almighty Cause/ Acts not by partial but by general laws: *An Essay on Criticism*, 133). 그러므로 시인은 단순히 지역적인 것이나 특수한 것 대신에 영속적 타당성을 지닌 행동기준과 문학스타일에 집중해야 하는 것이다.

오거스턴 풍자문학은 이성에 대한 강한 믿음에서 출발한다. 그래서 현재의 상황을 비판하기 위해서는 올바른 가치체계의 확립이 선결과제로 요구되었다. 풍자시는 특히 사회적 관계에 관심이 많으므로 오거스턴 시의 배경은 주로 도시이며, 사회적 실용성 내지는 효용성을 극대화하는 데 시의 목표를 두었다. 가급적 형이상학적 사변을 피하는 오거스턴 시인들은 전통에 의해 인정받지 못한, 기존질서를 파괴할 가능성이 다분한 '열광'(enthusiasm)에 대해서는 언제나 의심의 눈초리를 보낸다. 그래서 그들은 사적인 행동이든 공적인 행동이든 그것을 평가함에 있어 언제나 '절제'(restraint)와 '중용'(temperance)을 최고의 미덕으로 간주하며 가치의 척도로 삼았던 것이다.

2 이성에서 창조의 신비로: 콜린스의 「저녁송」의 경우

그러나 포프의 추종자들의 경우, 보편질서에 대한 믿음이 그들의 시(詩)쓰기를 언제나 바람직한 방향으로 유도했던 것은 아니다. 정확성과 심미적 취향이라는 고전적 원리에 충실한 시에서조차도 그들이 즐겨 사용하는 관용어구와 어법은 격(decorum)에 맞지 않는 것으로 비쳐지게 된다. 오거스턴 시대의 포프 추종자들은 얼마 후 낭만시인들이 부자연스럽고 저속하다고 비판하면서 거부하게 될 매우 인위적인 언어로 시를 쓰는 경우가 허다했다. 톰슨(James Thomson)은 계절의 변화에 민감하게 반응하면서 감성의 추이를 노래한 시 『사계』(四季, The Seasons)에서조차도 "물고기"(fish)와 "닭"(chickens)을 두고 각각 "지느러미 달린 족속"(the finny tribe)과 "날개 달린 집새들"(household feathery people)이란 어구를 사용하고 있다. 오늘날의 독자들과 마찬가지로 오거스턴 시대의 독자들에게도 그러한 어투는 일상어의 어투와는 너무나 동떨어진 것으로 느껴졌을 것이다. 일반독자의 언어모형에 어울리지 않는, 그래서 접촉력을 상실한 언어는 즉각적인 감흥을 유발할 수 없게 되기 마련이다. 어빙 배빗(Irving Babbit)의 경구적 표현을 빌리자면, 오거스턴 시대의 시인들은 "언어의 고결성을 귀족의 언어와 혼동하는" 경우가 허다했던 것이다.[4]

18세기 중엽이 되면 이미 영국시의 주변부에서 신고전주의적 취향의 주류에 반대하는 목소리들이 여기저기서 터져나오기 시작한다. 웨슬리 형제(the Wesleys)의 감리교리(Methodism)에 영향을 받은 윌리엄 카우퍼(William Cowper)는 영적 갈망과 참회에서 비롯되는 황홀과 우수의 정조를 오가며 찬송가(hymn) 모형의 시를 민중적 수준에서 노래한다. 새뮤얼 존슨은 그의 유명한 『사전』(Dictionary: 1747-1755)에서 '열광'(enthusiasm)이란 단어를 두고 "신의 은총에 대한 공허한 믿음"(a vain belief of divine favour)이라 풀이한 바 있다. 존슨의 개념규정이 보여주는 비판적 시각에도 불구하고 고백의 절박성과 서정적 열광으로 가득 찬 새로운 가락이 와튼(Thomas & Joseph Warton), 비티(James Beattie), 영(Edward Young), 스마트(Christopher Smart), 그리고 가장 매혹적인 시인으로는 콜린스(William Collins)와 그레이(Thomas Gray)에 의해 연주되는 것이다.

이 시인들 중 대부분이 "시대정신"(spirit of the age)과의 괴리감에 시달리면서 그레이처럼 주류문단의 주변부에서 우수에 찬 삶을 살아가거나, 또는 스마트, 카우퍼, 채터튼(Thomas Chatterton)처럼 주기적으로 우울증에 시달리다가 결국 거기에 굴복하고 마는 경우도 적지 않았다. 특히 채터튼의 경우에는 열여덟 살의 꽃다운 나이에 자살했고, 그래서 비정하고 잔혹한 세상에 의해 파괴된 낭만적 열광의 순교성인으로 다음 세대 문인들에 의해 추앙받기도 한다. 시인으로서 자신의 위기를 노래한 서정시 「결의와 독립」(Resolution and Independence)에서 워즈워스가 보여주는 바에 의하면, 채터튼은 워즈워스가 똑같은 운명의 수렁으로 빠져들지 않기 위해 거울로 삼아야 할 인물이었다. 그런가 하면 키츠에게 채터튼은 시작법에 있어 가식이라곤 전혀 찾아볼 수 없는 순수성 그 자체의 모델이었다. 그래서 탁월한 재능을 타고났으나 운명의 여신에게 버림받은 이 요절

---

4) "[They] confused nobility of language with the language of the nobility." *Rousseau and Romanticism* (New York: Meridian Books, 1955), 32.

시인의 영전에 키츠는 『엔디미언』(Endymion)을 바치고 있다.

그러나 18세기 중·후반 시적 감수성과 기풍 변화를 여실히 보여주는 시인은 그레이와 콜린스일 것이다. 특히 콜린스의 「저녁송」(Ode to Evening: 1746, 1748)은 오거스턴 시풍과는 사뭇 다른 시쓰기를 통해 창조의 신비를 보여줌으로써 "품격 높은 낭만적 서정시들"(high romantic lyrics)을 예견케 한다.

If aught of Oaten Stop, or Pastoral Song
May hope, chaste Eve, to soothe thy Modest Ear,
    Like thy own brawling Springs,
    Thy Springs, and dying Gales,

O Nymph reserv'd, while now the bright-hair'd Sun
Sits in yon western Tent, whose cloudy Skirts,
    With Brede ethereal wove,
    O'erhang his wavy Bed;

정숙한 저녁이여, 어떤 피리 또는 전원의 노래가,
그대의 들끓는 샘물처럼,
그대의 샘물과 잦아드는 실바람처럼,
때묻지 않은 그대 귀 어루만져 주기를 바란다면,

오, 차분한 님프여, 반짝이는 머리칼 휘날리던 태양이
꿈결마냥 펼쳐진 넘실대는 침대맡에
영묘한 자수 수놓인 구름 갑옷 걸쳐두고
저기 서녘하늘 천막 속에 앉아 있는 동안에,

. . . . .

Then lead, calm Vot'ress, where some sheety Lake
Cheers the lone Heath, or some time-hallow'd Pile,
    Or up-land Fallows grey
    Reflect its last cool gleams.

But when chill blustring Winds, or driving Rain
Forbid my willing feet, be mine the hut,
    That from the Mountain's Side,
    Views wilds, and swelling Floods,

And Hamlets brown, and dim-discover'd Spires,
And hears their simple Bell, and marks o'er all
    Thy Dewy Fingers draw
    The gradual dusky Veil.[5]

그때, 차분한 독신녀여, 날 안내하라,
종잇장 호숫물이 외로운 들판에 활기 불어넣는 곳으로,
혹은 세월에 성화된 교회건물이 또는 고지의 잿빛 들판이
차가운 마지막 햇살 눈부시게 반사하는 곳으로.

휘몰아치는 바람이 또는 세차게 쏟아지는 비가
나의 길 막아설 때면
내게 오두막집 허락해다오,
산허리에서 황야를, 부풀어오르는 강물을,

누런 촌락을, 아스라이 펼쳐진 교회첨탑을
내려다보며, 딸랑이는 종소리에 귀 기울이고,

5) Arthur Johnston, ed., *Selected Poems of Thomas Gray and William Collins* (Columbia: University of South Carolina Press, 1970), 187-189.

이슬 맺힌 손가락들이 삼라만상에
어스레한 너울 씌우는 모습 볼 수 있도록.

콜린스 송시의 특징을 요약하자면, 18세기 주류시의 경우 자연은 도시인의 세련된 대화를 위한 인공적 장식배경막으로 설정되는 데 반해, 이 시에서 자연은 신심 깊은 영혼의 소유자들이 허망한 욕망 세계로부터 피신할 수 있는 은둔처이자 자유롭게 예배드릴 수 있는 사원이 된다. 콜린스의 송시에 오면 자연은 장식 혹은 배경 역할에서 벗어나 본질적 요소가 되는 것이다. 바로 이런 점이 워즈워스의 자연을 예견케 한다. 이 송시에서는 인간사가 펼쳐지는 낮의 세계가 거부되고, 대신에 박명 속에서 흐릿하게 모습을 드러내는 환상과 이상야릇한 기행(奇行)들이 예찬되고 있다. 이러한 현상은 또한 셸리가 「밤에게」(To Night)에서 보여주는 매혹적인 목소리의 결(潔)과 모호한 야상적 갈망의 선례가 된다.

이 송시에는 시쓰기의 규칙보다는 창조의 신비에 더욱더 관심을 갖는 콜린스의 태도 변화가 잘 드러나 있다. 삶의 맥박과 씨앗이 시인도 의식하지 못하는 사이에 고요한 예술의 형식으로 변화되어 정지상태로 이행하는 방식이 탐색되는 것이다. 시적 세련화와 증류화라 할 수 있는 그런 과정은 고요한 휴식의 이미지들에게 자리를 내어주는 난폭한 운동의 이미지들을 통해 암시된다. “한낮의 들끓는 샘물”(brawling springs of day)은 저녁 무렵이면 “잦아드는 실바람”(dying gales)에 숨을 죽이고, “반짝이는 머리칼”(bright-haired) 휘날리는 태양은 꿈결처럼 펼쳐진 “넘실대는 침대”(wavy bed)맡에 앉아 한낮의 영광을 마다한다. 생명의 애잔한 기쁨과 일순간 맛보게 되는 황홀을 포착하여 거기에 영속적인 모형을 부여하는 것이 시일진대, “마지막 차가운 햇살”(last, cool gleams)이 “세월에 성화(聖化)된 교회건물”(time-hallowed pile) 위에 머뭇거릴 때면 그것은 가히 건축적 영속성을 획득한다고 하겠다. 더구나 이 시의 “눈부신 마지막 햇살”은 워즈워스가 그 유명한 송시 「불멸의 예감」(Ode: Intimations of Immortality)에서 추구했고 또 그것의 소멸을 아쉬워하며 뜬눈으로 밤을 지새곤 했던 "환상적 여명"(visionary gleam)의 선례가 되고 있음이 분명하다.

그러나 콜린스의 송시는 "인생은 짧고 예술은 길다"는 고전적 진술의 범위를 훌쩍 뛰어넘는다. 이 시는 황혼이 잣는 영묘한 교직(交織)으로부터 일련의 유기적인 이미지들을 이끌어내고 그것들을 통해 시적 변환의 과정을 탐색하기 때문이다. 이 시에서 황혼과 한낮의 관계는 예술과 인생의 관계에 대한 은유라 할 수 있다. 저녁의 "이슬 맺힌 손가락들"(dewy fingers)이 한낮의 예리한 윤곽들을 은빛 색조로 엷게 칠하여 파스텔화마냥 환상적 조화(調和)를 만들어낼 때, 그 같은 변화는 시인의 상상력이 행위와 운동으로 가득 찬 현실을 이상적인 세계로 변화시키는 시적 형상화의 방식을 은유적으로 표현하고 있기 때문이다. 시인이 최종적으로 은거하게 될 "오두막"(hut)처럼 그러한 시적 형상들은 "세차게 쏟아지는 비"(blustring rain)와 "휘몰아치는 바람"(driving wind)이란 위협적인 현실로부터 시인을 보호해 주는 사색의 은거지가 될 수 있을 것이다. 삶의 "이슬 맺힌 신선함"(dewy freshness)에다 예술의 "어스레한 너울"(dusky veil)을 대위선율로 배치한다든지, 들끓는 생명력과 사그러드는 에너지를 접합하는 콜린스의 기법은 키츠가 「가을에게」(To Autumn)에서 황혼녘의 애잔한 풍경을 묘사하는 저 유명한 구절 — "줄무늬 구름들"(barred clouds)이 "부드럽게 죽어가는 하루를 꽃피우고"(bloom the soft-dying day)[6] — 을 연상케 한다. 더구나 태양을 가로지르며 흐릿한 격자무늬를 그리는 콜린스의 "영묘한 자수"(Brede ethereal)는 "대리석 처녀총각들로 섬섬옥수 수놓인"(brede of marble men and maidens overwrought: 262) "그리스 유골항아리"(Grecian Urn)의 전범이라 할 만하다. 키츠의 시에서도 처녀총각들의 정지된 동작은 삶의 뜨거운 열기가 순간적으로 응고된,

6) H. W. Garrod, *Keats's Poetical Works* (Oxford: Oxford UP, 1958), 274.

즉 예술의 형태로 성(聖)변화(trans-ubstantiation)된 결과이기 때문이다.

요컨대, 놀라우리만치 예언적인 이 송시에서 콜린스는 "품격 높은 낭만적 서정시"의 주요 특징들을 사전에 거의 다 예시하고 있다. 이 시에서는 오거스턴 주류시가 보여주는 일반화된 진술이나 풍자적 논평 대신 시 창조 과정과 병행하여 일어나는 영적 변화에 초점이 모아진다. 현실의 불순물이 완전히 제거된 순수 서정시 형식으로의 귀환, 일상적 산문의 범위를 넘어서는 표현적 터치로 인해 신비의 세계에 어울리는 품격 높은 시어, 그러면서도 일상어의 생동감 넘치는 목소리에 더욱더 잘 조율된 언어. 깊이를 헤아릴 수 없는, 신비한 힘들의 모태가 되는 자연, 그리고 그러한 자연 속에서 시인이 빠져드는 깊은 경외감. 시인 자신의 의식(consciousness)을 탐색하고 탐색의 과정이 생생하게 반영되는 정신적 드라마로서의 시. 이 모든 특징들은 워즈워스가 후일 『서정민요시집』(Lyrical Ballads: 1798, 1800) "서문"(Preface: 1800)에서 개진하게 될, 시의 본질과 관련된 핵심 사항들이다. 굳이 다른 점을 지적하자면, 이 "서문"을 통해 워즈워스는 때로는 자신 없어 보이는 그레이와 콜린스의 서정성을 위엄 넘치는 낭만적 선언문으로 변화시켜 운집한 군중들에게 낭랑한 목소리로 공표했다는 점 정도이다. 워즈워스는 18세기 미학의 범주들을 공공의 영역에서 역전시키고, 하늘 높이 치솟는 신세대 시인들의 비상(飛翔)에 이론이라는 모래주머니를 달아주었던 것이다.[7]

3 낭만적 상상력

블레이크(William Blake)는 근대시의 궁핍한 조건을 누구보다도 불만스럽게 생각했던 시인이다. 밀턴과 셰익스피어와 성서의 예언서들이 보여주는 고매한 전례와 숭엄하고 웅장한 가락 대신 편협한 언술 차원에서 시

7) Stephen Gurney, *British Poetry of the Nineteenth Century* (New York: Twayne Publishers, 1993), 5-7.

어의 정확성만을 따지는 시대를 그는 개탄해 마지않았다. "그 옛날 가락은 멈춰버렸네." 모든 사물들이 시계의 톱니바퀴처럼 맞물려 돌아가는 기계적 기능화의 세계에서, 신성한 광휘를 발산하던 시신(詩神)들이 저 멀리 외딴 곳으로 추방되어 이 세상에 더 이상 존재하지 않음을 그는 슬퍼한다. 합리주의자들이 군림하는 시대에 시는 과거의 주술적 마력과 환상적 영역을 상실해 버린 것이다.

Whether on chrystal rocks ye rove,
  Beneath the bosom of the sea,
Wand'ring in a coral grove,
  Fair Nine, forsaking Poetry!

How have you left the ancient love
  That bards of old enjoy'd in you!
The languid strings, do scarcely move!
  The sound is forc'd, the notes are few![8]

아름다운 아홉 시신들이여!
그대들이 시를 내팽개치고
바다 품 속 산호숲 헤매며
수정암벽 위를 돌아다녀 본들!

옛 시인들의 마음 즐겁게 했던
그 옛날 사랑이야기를 저버리다니!
처진 현(弦)은 심금을 울리지 못하고,
곡조는 어색하고, 가락도 거칠기만 하여라!

---

8) Geoffrey Keynes, ed., *The Complete Writings of William Blake* (London: Oxford UP, 1966), 11.

18세기 내내 줄기차게 논쟁의 대상이 되었던 주제, 즉 옛 시의 숭엄한 파토스와 예언적 풍요로움은 어디까지나 과거지사(過去之事)일 뿐 지금은 설득력을 발휘할 수 없다는 주장을 블레이크는 받아들일 수 없었다. 또한 보편적 진리를 반복해서 보여주는 데 힘써야 한다는 신고전주의자들의 주장도 따지고 보면 진부한 사상을 협소한 용기 속에 담아 보관하는 것이나 진배없는 것으로, 그런 관점으로부터 영혼의 자유를 제한하는 억압기제가 조성될 수 있는 것이다. 신고전주의 시학의 규격화된 완결성이 인간 감정의 복합적 흐름들을 제대로 표현할 수 없음을 키츠 역시 분명히 인식하고 있었다. 시인으로서 자신이 나아갈 방향을 천명한 작품 「수면과 시」(Sleep and Poetry)에서 키츠는 바로 이 점을 분명히 보여주고 있다.

Is there so small a range
In the present strength of manhood, that the high
Imagination cannot freely fly
As she was wont of old?
[. . . . . .]
... Yes, a schism
Nursed by foppery and barbarism,
Made great Apollo blush for this his land.
Men were thought wise who could not understand
His glories: with a puling infant's force
They sway'd about upon a rocking horse
And thought it Pegasus. . . . (55-56)

오늘날 인간의 능력 범위는
그다지도 협소하단 말인가?
그래서 고매한 상상력은
과거처럼 거침없이 날아다닐 수 없단 말인가?
[. . . . . .]

허세와 야만이 키운 균열로 땅이 동강나자
위대한 아폴로는 얼굴 붉혔지.
그의 영광 이해할 수 없는 자들이
현명한 사람으로 여겨지고,
그들은 칭얼대는 어린애마냥
흔들리는 목마 위에 앉아 권력 휘두르며
그 목마를 페가수스라 생각했지. . . .

위 구절은 물론 포프가 『비평론』에서 행한 단정적인 발언, 즉 "날개 달린 준마는 마음 내키는 대로 날뛰는 야생마처럼/ 누군가 말의 진로를 조정할 때 진정한 기상을 보여준다."(The winged courser, like a generous horse/ Shows most true mettle when you check his course: 65)에 대한 키츠적(의) 반박이라 할 수 있다. 키츠 자신은 그리고 그의 스승이자 친구인 헌트(Leigh Hunt)는 대칭구도 속에서 "조절"과 "제어"에만 몰두하는 시인에게서는 결국 기계적인 시밖에 나올 게 없다고 생각했다.[9]

이런 생각으로부터 낭만시와 긴밀하게 연관된 이른바 '유기체론'(organicism)이 태동하고 발전하였다. 이 이론에 의하면, 시의 형식은 밖으로부터 이성에 의해 부과되는 것이 아니라 시인의 마음속에 시작 행위를 일깨우는 모종의 충동들이 "유기적 통합"(organic union) 과정을 거치면서 시 형식으로 태동·진화되고 최종적인 완결성 또한 갖추게 된다는 것이다.[10] 키츠는 출판업자 존 테일러(John Taylor)에게, "나무에 잎사귀

---

9) 「시란 무엇인가?」(What is Poetry?)란 글에서 헌트는 '영웅시형'(heoric couplet)이 인간의 폭넓은 정서를 모두 다 포괄하기에는 한계가 있다면서, "흔들리는 목마"의 율동과도 같은 영웅시의 반복리듬을 너무나 기계적이라고 비판한다.

10) "[...] could a rule be given from without, poetry would cease to be poetry, and sink into a mechanical art. [...] the rules of imagination are themselves the very powers of growth and production. The words to which they are reducible, present only the outlines and external appearance of the fruit."

가 돋아나듯 자연스럽게 태동하지 않는 시는 차라리 세상에 나오지 않는 편이 낫다"고 적어 보낸 바 있고, 셸리도 "위대한 조각이나 그림은 태아가 엄마의 자궁에서 자라나듯 예술가의 에너지를 공급받으며 자란다"고 선언하였다.[11] 이 두 시인이 자신의 생각을 표현하기 위해 이처럼 유기적 또는 생물학적 이미지들을 동원했던 것은 창조행위란 전문화된 기계적 기능이 아니라는 생각 때문이다. 자연 속에는 모든 사물에 생명을 공급하는 신성한 힘이 존재하는데, 그러한 힘의 인간적 발현이 곧 상상력이다. 『문학적 자서전』(Biographia Literaria) 제13장에서 콜리지는 [일차] 상상력의 작용을 "유한한 [인간의] 마음속에서 무한자 하느님의 영원한 창조행위가 되풀이되는 현상"으로 규정했고,[12] 「송시: 낙담」(Dejection: An Ode)에서도 싸늘하게 얼어붙은 대지에 생명의 숨결을 불어넣는 영혼(상상력)의 발현을 다음과 같이 아름답게 펼쳐 보인다.

Ah! from the soul itself must issue forth
A light, a glory, a fair luminous cloud
Enveloping the Earth —

아! 영혼 그 자체로부터 솟아나야 하리,

H. J. Jackson, ed., *The Oxford Authors* : *Samuel Taylor Coleridge* (Oxford: Oxford UP, 1985), 361-362.

11) "If Poetry comes not as naturally as the Leaves to a tree it had better not come at all." Robert Gittings, ed., *Letters of John Keats* (London: Oxford UP, 1971), 71 ; "[...] great statue or picture grows under the power of the artist as a child in the mother's womb." A Defence of Poetry, in Carlos Baker, ed., *Selected Poetry and Prose of Shelley* (New York: Random House, 1951), 518.

12) "The primary imagination I hold to be the living power and prime agent of all human perception, and as a repetition in the finite mind of the eternal act of creation in the Infinite I AM. It is vital, even as all objects (as objects) are essentially fixed and dead." 313.

빛과 영광과 대지를 감싸는
아름다운 빛 발하는 구름은 —

그렇다면 낭만적 유기체론은 단순히 시적 기교에 국한된 이론이 아니라 존재론에 뿌리를 둔 시적 비전의 언어적 대응물이라 할 수 있다. 바꾸어 말하면 그것은 데카르트(Descartes)에서 로크(John Locke)로 이어지는 17-18세기 계몽철학자들의 합리주의와 경험주의에 대립되는 것으로, 주체와 객체를 분리시키는 서구 형이상학의 지적 전통을 거부한 것이다. 물질적 확장과 과학적 측정의 세계에서 지성과 가치를 추출해내는 데카르트나, 지각현상에 있어 인간의 마음(정신)은 수동적이라고 보는 로크와는 달리,[13] 낭만주의자들은 사실의 세계와 환상의 세계, 상상력의 세계와 현상계 사이에 가로놓인 깊은 균열을 메우는 것이 바로 자신들의 임무라고 생각하였다. 그들에게 주체와 객체, 인간의 마음과 인식대상은 "존재론적 통일체"(ontological unity)이며, 특히 상상력이 의식과 일상적 대상물 사이에 성찬적(聖餐的) 다리를 놓을 때, 그리하여 그들 사이의 숨겨진 관계를 드러내고 친화의 신비를 예견할 때, 통합의 형식은 더욱더 선명하게 본연의 모습을 드러낸다. 그런 의미에서 워즈워스가 『회유』(Excursion: 1814)의 "취지"(Prospectus)를 노래하는 다음 1절은 시적 성찬의 순간을 감동적으로 보여주는 대목으로 인구(人口)에 널리 회자(膾炙)되곤 한다.

Paradise, and groves
Elysian, Fortunate Fields — like those of old

---

13) 로크에게 인간의 마음은 외부세계로부터 주어지는 무수한 자극들로 각인된, "아무것도 새겨져 있지 않은 석판"(tabla rasa)과도 같다. 관념과 정서가 형성되는 것은 기억에 바탕을 둔 연상 작용을 통해서인데, 마음의 연상 작용은 매우 기계적이어서 창조력 같은 것이 개입될 여지가 없다.

Sought in the Atlantic Main — why should they be
A history only of departed things,
Or a mere fiction of what never was?
For the discerning intellect of Man,
When wedded to this goodly universe
In love and holy passion, shall find these
A simple produce of the common day.
— I, long before that blissful hour arrives,
Would chant, in lonely peace, the spousal verse
Of this great consummation: — and, by words
Which speak of nothing more than what we are,
Would I arouse the sensual from their sleep
Of Death, and win the vacant and the vain
To noble raptures; while my voice proclaims
How exquisitely the individual Mind
[...] to the external World
Is fitted: — and how exquisitely, too —
Theme this but little heard of among men —
The external World is fitted to the Mind;
And the creation (by no lower name
Can it be called) which they with blended might
Accomplish: — this is our high argument.[14]

낙원, 엘레지움의 숲, 행복 가득한 들판 —
그 옛날 사람들이 대서양에서 찾았던 그곳 —
어찌 그것들은 오직 사라져버린 것들의 역사이거나
존재한 적이라곤 없는 것들에 대한 이야기일 뿐이던가?
인간의 분별력이 사랑과 성스런 열정으로
이 선량한 우주와 결합될 때면

14) Andrew J. George, ed., *The Complete Poetical Works of Wordsworth* (Boston: Houghton Mifflin, 1932), 231.

그것들은 평범한 나날이 만들어 내는 것임을 우리는 알게 되리.
— 나는, 그처럼 복된 순간이 찾아오기 전에,
고적한 평화를 맛보며,
이 위대한 결합의 극치를 두고 찬양노래 부르리.
— 그리고, 우리의 실체를 증언하는 언어로,
감각을 갖춘 모든 것들을 죽음의 잠에서 일깨워
공허하고 텅 빈 사물들을 고귀한 황홀로 이끌리라.
그때 나의 목소리는 선언하리,
인간의 마음은 매우 정교하게
[...] 외부세계와 결합되어 있음을,
그리고 사람들 사이에서는 좀처럼 들어본 적 없는 주제이건만,
매우 정교하게 외부세계는 인간의 마음과 결합되어 있음을,
그리고 서로 녹아들어 하나 된 힘으로 일구어내는 창조를,
(더 낮은 이름으로는 불릴 수 없는 그것을) —
이것이 바로 우리의 드높은 주제이어라.

인식 주체와 인식 대상이 "서로 녹아들어 하나 된 힘으로 일구어내는 창조", 그러한 창조력은 생래적(生來的)인 것이라 할 수 있다. 모든 사물의 내부에는 관계의 기반이 되는 근본원리가 존재하며, 본래 인간은 존재의 원리를 인식할 수 있는 직관력을 타고났으나 관습과 욕망으로 심안이 흐려져 그것을 인식하지 못할 따름이다. 상상력이 마음에 낀 때를 말끔히 씻어내는 은총의 순간에, 워즈워스가 『서곡』(The Prelude)에서 "시간점"(spot of time)이라 부르는 직관적 통찰의 순간에, 시적 상상력의 세례를 받아 촉촉해진 일상적 세계는 본래의 모습으로 환원된다. 더욱이 그런 순간은, 콜리지의 생각을 그대로 옮기자면, "관습의 타성으로부터 시인의 마음을 일깨워 세계의 사랑스러움과 경이로움으로 향하게 한다. 무진장의 보물, 그러나 친숙함과 이기적 갈망 때문에 눈이 있으나 보지 못하고, 귀

가 있으나 듣지 못하고, 마음은 느끼지도 이해하지도 못한다."[15]

그러므로 낭만주의자들에게 상상력은 어디에도 존재하지 않는 유토피아를 꿈꾸는 한가로운 정신작용이 아니다. 에이브럼즈(M. H. Abrams)의 고전적 비유를 사용하자면, 서로 다른 특성을 갖춘 무수한 개체들이 혼재되어 있는 불연속적 다양성의 세계에서 사물들 간의 친화 관계를 비추는 등불과도 같은 것이 바로 상상력이다. 그때 상상력의 등불에 비친 다양한 사건과 사물들은 초월적 질서의 징표가 되는 응집력 있는 모형으로 용해되는 것이다.

그렇다면, 오거스턴 시대 시인들이 전통과 권위에서 비롯된 보편질서에서 출발했던 것과는 달리, 낭만주의 시인들은 현상계의 풍요로운 다양성 속에서 인생과 세계를 탐구했다고 할 수 있다. 셸리가 노래하듯이, "지칠 줄 모르는 사랑으로 세상을 지배하고, 아래로부터 세상을 떠받치고, 위에서 세상에 불을 밝히는"(wields the world with never wearied love,/ sustains it from beneath, and kindles it above.) 통합의 원리를 그들이 발견하게 되는 것은 바로 이러한 다양성 속에서이다.[16] 시인은 "모래알", "야생화", "종달새", "나이팅게일", "그리스 유골항아리", "거머리 잡는 노인" 등, 특성을 갖춘 다양한 사물들이 혼재하는 세계에서 사물 하나하나의 내면을 뚫고 들어가 존재의 기반이 되는 영원의 모형을 포착한다. 그런 의미에서 한 편의 낭만시는 하나의 상징이라 할 수 있다. 콜리지의 표현을 빌리자면 상징은, "현세 속에서 현세의 일들을 통한 영원성의 반투명화"(translucence of the eternal in and through the temporal: *Statesman's Manual*, 661)로

---

15) "[This moment] awakens the mind's attention from the lethargy of custom, and directs it to the loveliness and wonders of the world before us; an inexhaustible treasure, but for which, in consequence of the film of familiarity and selfish solicitude, we have eyes, yet see not, ears that hear not, and hearts that neither feel nor understand." *Biographia Literaria*, 314.

16) Thomas Hutchinson, ed., *The Complete Poetical Works of Percy Bysshe Shelley* (London: Oxford UP, 1923), 436.

규정될 수 있기 때문이다. 손으로 만질 수 있는 외부세계의 구체적 사물들을 뚫고 들어가 내면의 아름다움을 발견하는 능력은 블레이크의 「순수의 예감」(Auguries of Innocence)에서 가장 간명한 표현에 도달한다.

To see a World in a Grain of Sand
　　　　And a Heaven in a Wild Flower,
Hold Infinity in the palm of your hand
　　　　And Eternity in an hour.　　(413)

모래알 하나에서 세상을 보고,
　　　　한 송이 들꽃에서 천국을 보라.
그대 손바닥에 무한을 움켜쥐고
　　　　순간에서 영원을 포착하라.

모래알 하나에서 우주의 존재 원리를 파악하고 순간에서 영원을 포착하는 이 감동적인 순간은 워즈워스의 "시간점"(spot of time)과도 같은 성찬적 순간이다. 시인의 의식에 비친 모래알은 이제 더 이상 보잘것없는 무수한 사물들 가운데 하나가 아니라 온갖 사물의 본질이 응축된 소우주이다. 그때 시인은, 워즈워스가 「틴턴 수도원」(Tintern Abbey)에서 노래했듯이, 의식은 깨어 있으나 육체는 잠들어 있고, "피의 흐름조차 거의 정지된 상태에서", "조화의 힘에 의해 차분해진 눈으로/ 사물의 본질을 투시한다."

[...] the breath of this corporeal frame
And even the motion of our human blood
Almost suspended, we are laid asleep
In body, and become a living soul:
While with an eye made quiet by the power
Of harmony, and the deep power of joy,
We see into the life of things.

[...] 육체의 숨결도
심지어는 피의 순환조차도
거의 멎은 상태에서, 육체는 잠들고,
우리는 살아 숨쉬는 영혼이 된다.
그때 조화의 힘에 의해,
환희의 깊은 힘에 의해 차분해진 눈으로,
우리는 사물의 본질을 투시한다.

4 '순수와 절대'를 향한 갈망

'상상력' 못지않게 낭만주의 시인들의 의식을 사로잡은 것은 바로 '어린이들'이었다. 상상력의 신격화만큼이나 어린이에 대한 낭만주의 시인들의 관심은 대단했다. 18세기 영국인들에게 어린이는 어른이 되어 가는 중간단계의 존재로만 인식되었다. 이들은 고삐 풀린 망아지마냥 설쳐대는 어린이들을 성숙한 인간으로 만들기 위해 엄격한 훈육이 필요하다고 생각했다. 그러나 낭만주의자들은 어린이를 정신적·영적 전체성의 표상으로, 어른들이 세속의 삶과 타협하며 살아가는 과정에서 잃어버리게 마련인 전체성(totality)을 고스란히 간직하고 있는 존재로 간주했다. 어린이는 — 자의식에 사로잡히는 법 없이 — 언제나 상상력이 시키는 대로 거침없이 행동하고 삶을 만끽하며, 그 과정에서 생명 없는 사물들에 자기의 혼을 불어넣어 그것들을 생동감 넘치는 존재로 변화시킨다는 것이다. (어린이들처럼) 낭만주의 시인들 역시 자기갱생의 원천이 되는 세계의 경이로움에 본능적으로 깊이 반응하는 존재이기에, 어린이를 시인의 전형이자 표상으로 부각시킨다.

이런 경향은 낭만주의 시인들의 작품 도처에서 확인된다. 「불멸의 예감」(Intimations Ode)에서 워즈워스는 "강력한 예언자! 복된 현자여!/ 우리가 평생을 두고 찾아내려 애쓰는,/ 그런 진리가 너에게 깃들여 있구나"(mighty Prophet! Seer blest!/ On whom those truths do rest,/ Which we are toiling all our lives to find: 355)라고 노래하였으며, 셸리의 『프로메테우스의 해방』(Prometheus Unbound)에서 예언의 목소리로 개인과 사회의 갱생을 선포하는 자 역시 프로메테우스와 아시아의 결합으로 태어난 아이, 바로 "대지의 혼령"(the spirit of the earth)이었다. 그러나 과거와 현재의 문학을 통틀어 어린이의 순수 의식의 상태를 가장 잘 보여준 시인은 블레이크일 것이다. 「양」(The Lamb)이나 「보모의 노래」(Nurse's Song) 같은 동요풍의 서정시들이 보여주듯이, 「순수의 노래」(Songs of Innocence: 1789)에는 때 묻지 않은 어린이들이 초원에서 뛰노는 모습이 목가적 풍경을 배경으로 아름답게 펼쳐진다.

하지만 그러한 어린이의 세계는 영국 전역에서 미성년자의 노동력이 광범위하게 착취당하던 산업혁명 시대에 구성된 것이었다. 그래서 블레이크는 『순수의 노래』를 펴낸 지 몇 년 되지 않아 곧바로 그 시집의 후속편에 해당하는 『경험의 노래』(Songs of Experience: 1894)를 이전 시집과 합본으로 세상에 내놓는다. 여기에는 경쟁사회의 무자비한 정치적·경제적·사회적 힘에 의해 순수가 점차 변질되는 과정이 상징적인 기법을 통해 매우 박진감 있게 재현되고 있다. 「송시: 낙담」(Dejection: An Ode)에서 콜리지도 급박하게 돌아가는 사회에 적응하지 못하는 인간을 "길 잃은 아이"(lost child)의 이미지로 형상화한다.

> [...] little child
> Upon a lonesome wild,
> Not far from home, but she hath lost her way:
> And now moans low in bitter grief and fear,
> And now screams loud, and hopes to make her mother hear.
>
> (116)

집에서 그리 멀지 않은 쓸쓸한 광야에서
길 잃은 아이.
때로는 슬픔과 두려움에 떨며 나지막이 신음소리를 내고,
때로는 크게 비명 지르며 엄마가 듣게 되기를 기대한다.

워즈워스 역시 그러한 딜레마를 너무나 잘 인식하고 있었다. 「우리는 일곱이어요」(We Are Seven)와 같은 초기시에는 죽음의 의식에 침윤되지 않은 어린이의 단순·소박한 삶의 모습이 민요 가락과 일상적 대화의 어조에 실려 매우 부드럽게 재현되어 있다. 그러나 도덕적 양심이 일깨워지고 또 호구지책을 꾸려가야 하는 절박한 현실이 사춘기 소년을 압박할 때면 존재의 통합을 구가하던 소년은 어쩔 수 없이 자기분열을 겪게 되기 마련이다. 「결의와 독립」(Resolution and Independence)이 보여주는 바에 의하면, 최소한 워즈워스는 그런 난국을 헤쳐 나가는 길을 찾을 수 있었던 것으로 보인다. 이 시의 화자가 불안에 시달리며 배회하다 마주친 "거머리잡이"(leech gatherer)는 온갖 풍상을 다 겪은, 의지할 데 없는 노인이다. 그러나 "거대한 바윗덩어리가 대머리 산정에 드러누워 있는 모습이 때로 눈에 띄듯이"(As a huge stone is sometimes seen to lie/ Couched on the bald top of an eminence), 그 노인은 예기치 않은 순간 시인에게 다가온다. 세상이 날로 각박해지고 가난에 쪼들리고 몸도 쇠약해져 있음에도 불구하고, 불안한 기색이 하나 없이, 피조물들이 발산하는 영광의 빛에 근원적 반응을 보이는 것이다.

잃어버린 순수에 대한 동경은 이제는 더 이상 존재하지 않는 낙원과도 같은 어린이들 세계 속에서나, 페리클레스 집권기 고대 희랍이나 기독교에 의해 통합이 가능했던 중세 유럽처럼 과거 실재했던 황금기를 통해 충족된다. 인간에 의해 더럽혀지지 않은, 신선하고 활기 넘치는 자연 역시 때로는 시인의 마음의 안식처가 되기도 한다. 그러나 시인의 궁극적 갈망은 어린시절도, 상상력에 의해 포착된 황금기도, 심지어는 자연 자체도 아

니다. 그러한 것들은, 자세히 들여다보면, 창조된 적이라고는 없는 본질, 무어라 이름 붙일 수 없는 그 무엇의 모조품에 불과하기 때문이다. 워즈워스의 표현을 빌리자면, "육지에도, 바다에도 존재한 적이라고는 없었던 빛"(light that never was on land or sea)이야말로 낭만적 갈망의 진정한 대상이다. 셸리의 마지막 서정시들 중 한 대목 역시 바로 이러한 상태를 향한 갈망의 몸짓이리라.

I loved — oh, no, I mean not of ye,
  Or any earthly one, though ye are dear
As human heart to human heart may be;
  I loved, I know not what — but this low sphere
and all that it contains, contains not thee,
  Thou, whom, seen nowhere, I feel everywhere.
From Heaven and Earth, and all that in them are
Veiled art thou, like a [...] (658)

나는 사랑하였네 — 하지만, 아, 내가 사랑한 건 그대도,
지상의 어느 여인도 아니었다네,
비록 내 마음에 그대는 그토록 소중한 존재이건만.
나는 사랑하였네, 무엇인진 몰라도 — 하지만 이 낮은 천공도
거기에 담긴 모든 것들도 그대를 담아내진 못하지. 그대,
어디에도 보이진 않으나, 어디에서나 그대 숨결 느끼네.
하늘과 땅, 거기에 존재하는 모든 것들로부터 그대는
베일에 가려져 있네, 마치 [...]처럼

이 연이 종결되지 않은 상태로 끝맺음되고 있다는 사실은 매우 의미심장하다. 사실 어떠한 비유로도 그러한 갈망의 대상을 온전히 담아 보여줄 수는 없을 것이기 때문이다. 20세기 벽두에 흄(T. E. Hulme)을 비롯한 모더니스트들이 낭만주의를 두고 "엎질러진 종교"(spilt religion)라 비아냥

거렸던 것은 그 같은 낭만적 갈망의 초월성 때문이다. 그러나 제임스(D. G. James)처럼 관점을 조금 달리하여 생각해 보면, 영국 낭만주의는 "기독교에 대한 강력한 반감"에서 출발했으나 시간이 지남에 따라, 콜리지도 그 필요성을 인정했듯이, 기독교를 받아들이는 방향으로 노선을 수정했다고 말할 수 있을 것이다.[17]

5 프랑스혁명과 영국 낭만주의

영국문학사에서 인생과 예술, 문학과 사회, 시와 정치 사이의 관계를 살피려 할 때, 바스티유 감옥(Bastille)이 파괴되고 정치범들이 풀려나는 1789년에서, 워털루 전투에서 패배하여 나폴레옹이 몰락하는 1815년 사이 약 25년의 기간보다 필연적 연계가 더 잘 드러나는 시기는 아마 찾아보기 힘들 것이다. 프랑스혁명은 오늘날 낭만주의 문예운동이라 일컬어지는 경향의 정치적 · 사회적 대응현상으로, 그것은 "이성의 시대"(the Age of Reason)의 산물인 동시에 그에 대한 반발에서 비롯된 문화현상이었다. 정치제도의 존속 여부는 각성된 이성의 관점에 따라 판단해야 한다고 가르쳤던 계몽사상은 초기 혁명가들의 양심을 일깨우는 데 중요한 일익을 담당한다. 그런데, 인간의 본성과 사회에 대한 새로운 사상이 사변의 영역을 떠나 역사의 무대로 진입하는 순간 열정과 에너지와 도전과 반역의 시대는 이미 무르익어 있었다. 계몽주의 사상의 역사 무대로의 진입은 오거스턴 시대의 종언과 함께 새 시대의 출현을 의미하는 것이었다.

프랑스혁명은 장 자끄 루소(Jean Jacque Rousseau)에 의해 지적 동력을 얻게 되는데, 1762년 세상에 나온 그의 『사회계약론』(The Social Contract)은 "인간은 자유의 몸으로 태어났으나 도처에서 사슬에 얽매여 있다"(Man is born free but is everywhere in chains)는 명백한 선언으로

---

17) *Romantic Comedy* (London: Oxford UP, 1963), 161.

시작된다. 과거에는 인간 본성을 우물과도 같은 것으로 보고, 국가와 교회라는 두 개의 원천에서 생명수가 유입되지 않으면 그 우물물은 고여 썩어버리게 마련이라고 생각하였다. 이와는 대조적으로, 루소와 낭만주의자들에게 인간의 본성은 창조적 에너지의 원천이었다. 인간의 잠재력과 가능성이 충분히 발휘되지 못하는 것은 그것을 두려워하는 기득권 세력이 편향된 사상, 그릇된 이데올로기를 교묘하게 퍼뜨려 인간을 질식 상태로 몰아넣기 때문이라는 것이다. 그러므로 기독교 교리와 정치적 억압구조가 오랫동안 인간에게 씌워온 장애물들을 걷어낸다면, 사회는 인간의 생래적 충동에 따라 건강한 모습으로 재통합될 것이 자명하다고 루소는 주장한다. 루소의 사상은 '인권선언문'(the Declaration of the Rights of Man)이 '국민회의'(the National Assembly)에서 비준되는 1789년 드디어 정치의 세계로 진입하게 된다.

프랑스혁명은 영국의 진보적 지식인들을 온통 전율 속으로 몰아넣었다. 또한 그것은 민중들 사이에서도 예언자들의 예언대로 '천년지복'(千年至福, millennium)의 시대가 드디어 이 세상에 도래하는 징후로 받아들여진다. 혁명 직후 생산된 시들에는 천지개벽(天地開闢), "새 땅과 새 하늘"(the new earth and new heaven)이 이제 막 열리려는 순간 역사의 현장에 서 있다는 흥분과 함께 그로부터 비롯되는 묵시적 황홀감이 도처에서 발견된다. 새 역사 서막의 현장에서 혁명의 숨결을 직접 들이마시기 위해 프랑스로 건너갔던 청년 워즈워스는 후일 보수적 입장으로 선회한 뒤에도 그때의 흥분을 회상하며 이렇게 노래한다.

> For mighty were the auxiliars which then stood
> Upon our side, us who were strong in love!
> Bliss was it in that dawn to be alive,
> But to be young was very heaven!

그때 우리 편에 선 의용군들은 막강했지,
사랑으로 뭉쳐진 강력한 우리들!
그 여명의 시기에 살아 있다는 사실 자체가 축복이었네,
젊다는 사실만으로도 천국 바로 그것이었지!

끝까지 프랑스혁명의 대의를 저버리지 않았던 블레이크는 혁명의 에너지를 "호랑이"(the Tyger)의 이미지에다 투사한다. 혁명의 창조적 에너지를 표상하는 호랑이는 어둠의 세력이 호시탐탐 반전의 기회를 노리는 "어둠의 숲에서/ 눈부신 빛 발산하며" 어둠을 불사른다.

Tyger! Tyger! burning bright
In the forest of the night,
What immortal hand or eye
Could frame thy fearful symmetry!

호랑이! 호랑이! 불타는 호랑이!
어둠의 숲에서 눈부신 빛 발산하네.
어떤 불멸의 손 또는 불멸의 눈이
그대의 위태로운 균형 만들 수 있었나!

"끔찍스런 아름다움"(terrible beauty)을 발산하는 이 호랑이의 이미지는 『천국과 지옥의 결혼』(The Marriage of Heaven and Hell: 1790-1793)의 "개요"(Argument)에서는 심연 위에 짙게 드리운 반역의 구름들 사이로 혁명의 불길을 토해내는 "린트라"(Rintrah)의 모습으로 재현되기도 한다.[18]

---

18) "Rintrah roars & and shakes his fires in the burdened air;/ Hungry clouds swag on the deep." "끔찍스런 아름다움"(terrible beauty)이란 표현은 20세기 벽두에 예이츠가 아일랜드의 '부활절 봉기'(Easter Rising) 사태를 바라보며 쓴 시 「1916년 부활절」(Easter 1916)에 나오는 구절이다.

영국이 프랑스와 전쟁상태에 돌입하고 프랑스혁명의 대의도 혼란과 살육으로 많이 약화되는 데다 정부의 탄압과 회유가 심해지자, 워즈워스와 콜리지는 보수적 입장으로 선회하였으며, 블레이크는 아예 입을 닫아 버리고 판화제작에만 몰두하였다. 반면 톰 페인(Tom Paine) 같은 진보적 지식인들은 온갖 박해에도 굴하지 않고 개혁사상을 줄기차게 전파한다. 바이런, 셸리, 키츠, 헌트, 해즐릿 등 제2세대 낭만주의자들 역시 영국이 보수·반동화 노선을 강화하는 와중에도 변혁의 대의를 저버리지 않았다. 2세대 낭만주의 시인들 대부분이 고국을 등지고 이역만리 외국 땅을 전전하며 외로운 삶을 살았던 데서도 그들의 단호한 입장을 읽을 수 있다.

1810년대 영국의 기득권세력은 프랑스혁명의 여파를 두려워한 나머지 민주적 개혁 사상을 분쇄하기 위해 수단과 방법을 가리지 않았다. 워털루 전투에서 승리하고 나서도 기득권 세력의 보수반동적 성향은 수그러들지 않던 차에, 1819년에는 노동조건 개선을 요구하며 공업도시 맨체스터의 성 베드로 광장(St. Peter's Field)에 모여든 항의군중에게 군인들이 총검을 겨누어 참살하는 사태가 발생한다. 이른바 '성 베드로 광장의 대학살'(St. Peter's Massacre)이라 불리는 이 사건은 그 당시 영국의 지식인들에게 엄청난 반향을 불러일으킨다. 셸리는 이 사건을 계기로 쓴 『1819년 영국』(England, 1819)이란 소네트에서 조지왕을 비롯한 왕족, 귀족, 상원의원, 법관, 성직자, 군인 등 기득권세력의 무능과 무책임과 마비된 양심을 무차별 공격한다. 이 시에서 기득권 세력의 부정적 측면들은 처음부터 마지막 행에 이르기까지 누적적으로 쌓아올려지다가 마지막 2행에서 이렇게 처리된다.

[...] [They]
Are graves from which a glorious Phantom may
Burst, to illumine our tempestuous day.

[...] [그자들 모두가]
무덤들, 그로부터 영광스런 환영(幻影)이 분출하여
휘몰아치는 폭풍의 시대를 비추리라.

그러나 흥분과 열광만이 프랑스혁명과 관련된 이야기의 전부는 아니다. 로베스피에르(Robespierre) 통치하에서 대량학살이 자행되는 상황이 전개되자 워즈워스의 지상낙원은 곧바로 정치적 지옥으로 바뀌기 때문이다. 파리의 거리에는 흥분한 군중들의 갈채 속에 반동분자들의 머리가 잘려 나뒹구는 사태가 비일비재했다. 영국이라는 비교적 안전한 장소에서 혁명이 전개되는 상황을 지켜보던 블레이크는, 초기 예언시『프랑스혁명』(The French Revolution: 1791)이 보여주듯이, 혁명의 사회적 파장 같은 것은 고려하지 않은 채 찬양일변도로 나아갈 수 있었을 것이다. 하지만 워즈워스의 경우에는 사정이 달랐다. 혁명의 소름끼치는 장면들을 직접 목격했던 그는 사회의 외면적 · 가시적 재편(再編)만으로는 마음의 후미진 곳에 웅크리고 있는 어둠의 세력을 몰아낼 수 없다고 생각하게 된다. 자유와 평등과 박애를 외치던 자들이 어느덧 독재자로 탈바꿈하는 상황을 바라보면서 그는 예언적 어조로 개탄하는데, 그의 예언은 나폴레옹이 1804년에 황제로 즉위하면서 현실화된다.

But now, become oppressors in their turn,
Frenchmen had changed a war of self-defense
For one of conquest, losing sight of all
Which they had struggled for. (204)

그러나 이제, 압제자로 둔갑한 프랑스인들은
국토방위전을 정복전으로 바꾸어 놓고는
투쟁의 대상이던 그 모든 것들을 외면한다.

그런 상황에서 워즈워스는 "지구상에는 유일하게 하나의 위대한 사회가 존재하는데,/ 그것은 살아 있는 이들과 죽은 이들 가운데서/ 고결한 성품을 지닌 이들로 구성되는 사회"라는 결론에 도달한다.[19] 사회적 갱생을 기획하는 일은 어디까지나 그에 상응하는 개인적 덕목들의 심화 · 확산에 의해 뒷받침될 때 성공할 수 있다는 것이다. 그런 생각은 버크(Edmund Burke)가 『프랑스혁명에 대한 성찰』(Reflections on the French Revolution: 1790)에서 피력한 국가론과도 맥을 같이하는 것이다. 여기서 버크는 자유와 질서가 함께 보장되는 균형 잡힌 사회를 건설하기 위해서는 점진적인 개혁만이 가장 신뢰할 수 있는 방법이라고 주장하였다.

정치적 격변과 문화적 전환의 시기에 시인들은 시적 표현의 범위를 확장하고, 인간의 가능성을 탐색하고, "혁명의 시대"가 만들어 내는 온갖 소음에 시달리면서 의식(意識)의 최전선을 오간다. 전통적 신앙의 보호도, 귀족들의 후원도 기대할 수 없었던 그들은 나름대로 예술가의 역할을 재창안하고 문학의 기능을 재규정해야 할 위치에 있었던 것이다. 더욱이 그 시대는 혁명 직후 유럽을 재편해야 할 책임을 떠맡은 개화된 정치엘리트들에 의해 시의 가치 자체가 의문시되기 시작하던 시기이다. 빅토리아인들이 계승한 현대적 산업화, 사회적 유용성, 정치적 실용주의의 세계는 19세기 초반에 이미 그 기반이 공고해지고 있었다. 시인은 "세상의 공인받지 못한 입법가"(the unacknowledged legislators of the world)란 셸리의 믿음은 나폴레옹 전쟁 직후 유럽 재건의 책임을 떠맡은 실용주의자들에게는 돈키호테적 발상으로 비쳐진다. 물질만능의 실용주의 사상이 지배이데올로기로 굳건히 뿌리를 내리는 과정에서, 역사상 처음으로 낭만시인들은 의식의 과잉을 담은 현대적 가락을 연주하기 시작한다. 그러므로 데이비드 퍼킨즈(David Perkins)가 주장하듯이 우리 시대가 아직도 낭만주

19) "There is/ One great society alone on earth:/ The Noble living and the Noble dead." *The Prelude*, 206.

의라는 혜성의 꼬리부분에 위치해 있다면,[20] 그 시인들이 직면했던 영적·미학적 딜레마와 그것을 해결하기 위한 전략들에 대한 이해는 우리 시대의 문학과 사상을 특징짓는 혼란과 절망감을 더 잘 이해할 수 있게 해줄 것이다.

---

20) David Perkins, *The Quest for Permanence* (Cambridge, Mass: Harvard Up, 1959), 3.

Supplementary Reading

from ***An Essay on Man***

Epistle I. Of the Nature and State of Man,
With Respect to the Universe

8. See, through this air, this ocean, and this earth,
All matter quick, and bursting into birth.
Above, how high progressive life may go!
Around, how wide! how deep extend below!
Vast Chain of Being! which from God began,
Natures ethereal, human, angel, man,
Beast, bird, fish, insect, what no eye can see,
No glass can reach! from Infinite to thee,
From thee to nothing. — On superior powers
Were we to press, inferior might on ours:
Or in the full creation leave a void,
Where, one step broken, the great scale's destroyed:
From Nature's chain whatever link you strike,
Tenth or ten thousandth, breaks the chain alike.
(ll. 233-246)

10. All Nature is but art, unknown to thee;
All chance, direction, which thou canst not see;
All discord, harmony not understood;
All partial evil, universal good;
And, spite of pride, in erring reason's spite,
One truth is clear; Whatever IS, is RIGHT.
(ll. 289-294)

Epistle II. Of the Nature of State of Man, With Respect to Himself, as an Individual

1. Know then thyself, presume not God to scan;
The proper study of mankind is Man.
Placed on this isthmus of a middle state,
A being darkly wise, and rudely great:
With too much knowledge for the skeptic side,
With too much weakness for the Stoic's pride,
He hangs between; in doubt to act, or rest,
In doubt to deem himself a god, or beast;
In doubt his mind or body to prefer,
Born but to die, and reasoning but to err;
Alike in ignorance, his reason such,
Whether he thinks too little, or too much:
Chaos of thought and passion, all confused;
Created half to rise, and half to fall;
Great lord of all things, yet a prey to all;
Sole judge of truth, in endless error hurled:
The glory, jest, and riddle of the world!
(ll. 1–17)

from ***The Rape of the Lock***
(Canto I. ll. 121–148)

And now, unveiled, the toilet stands displayed,
Each silver vase in mystic order laid.
First, robed in white, the nymph intent adores,
With head uncovered, the cosmetic powers.
A heavenly image in the glass appears,
To that she bends, to that her eyes she rears;
The inferior priestess, at her altar's side,

Trembling, begins the sacred rites of pride.
Unnumbered treasures ope at once, and here
The various offerings of the world appear;
From each she nicely culls with curious toil,
And decks the goddess with the glittering spoil.
This casket India's glowing gems unlocks,
And all Arabia breathes from yonder box.
The tortoise her and elephant unite,
Transformed to combs, the speckled and the white.
Here files of pins extend their shining rows,
Puffs, powders, patches, Bibles,[21] billet-doux.
Now awful beauty puts on all its arms;
The fair each moment rises in her charms,
Repairs her smiles, awakens every grace,
And calls forth all the wonders of her face;
Sees by degrees a purer blush arise,
And keener lightnings quicken in her eyes.
The busy Sylphs surround their darling care,
These set the head, and those divide the hair,
Some fold the sleeve, whilst others plait the gown;
And Betty's[22] praised for labors not her own.

---

21) It has been suggested that Pope intended here not "Bibles," but "bibleonts," (trinkets), but this interpretation has not gained wide acceptance.

22) Belinda's maid, the "inferior priestess" mentioned in line 127.

2. 감성시인의 출현: 그레이와 콜린스

1 이성에서 감성으로

18세기 영국에서는 '합리적 회의주의'(rational scepticism) 사상이 인간의 정신활동과 일상생활 전반을 규정하게 된다. 18세기 서구인들은 자신과 세계를 더 나은 상태로 개선하려는 노력을 기울이는 한편 개선에 대한 회의감을 떨쳐버릴 수 없었기에 체제순응적 보수주의의 경향을 보인다. 그러나 합리적 회의주의가 확고하게 유지되는 동안에도 한편에서는 그러한 경향에 반발하는 움직임이 꿈틀거리고 있었다. '영국 낭만주의'(English Romanticism)가 본격화되기 이전인 18세기 중엽에 이미 제임스 톰슨(James Thomson), 에드워드 영(Edward Young), 토머스 그레이(Thomas Gray), 윌리엄 콜린스(William Collins) 등 일련의 시인들은 우수와 환희의 정감을 오가며 다양한 목소리들을 선보이는가 하면, 호러스 월폴(Horace Walpole)과 앤 래드클립(Anne Radcliff) 등 일군의 소설가들은 초자연적 배경 속에서 벌어지는 소름 끼치는 사건과 분위기들을 통하여 이성에 대한 감성의 우위를 암암리에 주장한다.[23]

낭만주의란 용어는 18세기 말에서 19세기 초에 이르기까지 왕성하게 작품 활동을 하던 작가들의 충만한 에너지와 자기 확신을 범주화하기 위해 후대 작가들이 편의상 붙인 이름이지 그 당시 작가들이 낭만주의라는 이름 아래 문예활동을 전개한 것은 아니다. 그들은 제재(subject matter)를 구하는 데 있어 주변세계보다는 자신의 내면으로 향하는 경향을 보인

23) 영문학사에서는 이 작가들의 소설을 '고딕소설'(Gothic novel)이라 부르고 있다.

다.[24] 사회를 탐구하는 일 못지않게 자기 내면의 미묘한 움직임을 탐색하는 것 역시 중요하며, 그렇게 함으로써 독자의 흥미를 유발할 수 있다고 그들은 생각하였다. 인간 능력의 한계를 인정하고 운명을 겸손하게 받아들여야 한다고 주장했던 신고전주의 작가들과는 달리, 낭만시인들은 인간의 무한한 가능성을 신뢰했다. 인간의 잠재력을 억압하고 왜곡하는 사회악만 제거한다면 건강한 개인, 건강한 공동체를 건설하는 일은 그리 어렵지 않은 일이라 믿었던 것이다. 개인과 사회를 복원하고 유지하는 데 필요한 창조적 정신작용은 이성이 아니라 '상상력'이라 확신했던 그들은 상상력을 절대시하기 시작한다. "상상력이라는 조형력"(the shaping power of imagination)을 통해 새로운 인간, 새로운 사회를 건설할 수 있다는 믿음을 갖게 되자 이들은 인간내면이라는 빛나는 우주를 탐색해 나간다. 사회를 냉소적으로 혹은 수동적으로 반영하던 그때까지의 시인들과의 분명한 경계는 바로 여기서 그어진다.

2 그레이의 「시골 묘역에서 쓴 비가」

18세기 중엽 낭만적 경향을 보이는 시인들 중에서도 토머스 그레이(Thomas Gray: 1716-1771)는 포프와 존슨의 고전주의와 워즈워스와 콜리지의 낭만주의를 잇는 가교 역할을 한다는 점에서 특히 주목할 만하다. 새뮤얼 존슨은 그레이의 시를 그리 높이 평가하지는 않으면서도 「시골 묘역에서 쓴 비가」(Elegy Written in a Country Churchyard)에 대해서만은 "모든 사람들의 마음속을 거울처럼 비춰주는 이미지들, 모든 사람들의 가슴속에 메아리치는 정감들로 가득 차 있다"며 칭찬을 아끼지 않았다.[25] 길

24) 워즈워스가 자서전적 장시 『서곡』(The Prelude)의 부제(副題)를 "시인 마음의 성장"(Growth of the Poet's Mind)이라 붙인 데서도 그 같은 사정이 잘 드러나 있다.

25) "Life of Gray," in *Lives of the Poets. Criticism: The Major Texts* (New

이가 다소 긴 이 '비가'의 처음 몇 연만 읽어보아도 감성시인 그레이의 낭만적 성향은 곧바로 감지된다.

The curfew tolls the knell of parting day,
The lowing herd wind slowly o'er the lea,
The ploughman homeward plods his weary way,
And leaves the world to darkness and to me.

Now fades the glimmering landscape on the sight,
And all the air a solemn stillness holds,
Save where the beetle wheels his droning flight,
And drowsy tinklings lull the distant folds;

Save that from yonder ivy-mantled tower
The moping owl does to the moon complain
Of such, as wandering near her secret bower,
Molest her ancient solitary reign.

Beneath those rugged elms, that yew-tree's shade,
Where heaves the turf in many a mouldering heap,
Each in his narrow cell forever laid,
The rude* forefathers of the hamlet sleep.

The breezy call of incense-breathing morn,
The swallow twittering from the straw-built shed,
The cock's shrill clarion or the echoing horn,*
No more shall rouse them from their lowly bed.

For them no more the blazing hearth shall burn,
Or busy housewife ply her evening care;

York: Harcourt Brace Jovanovich, Inc., 1970), ed., Walter Jackson Bate, 240.

No children run to lisp their sire's return,
Or climb his knees the envied kiss to share.

Oft did the harvest to their sickle yield;
Their furrow oft the stubborn glebe* has broke;
How jocund did they drive their team afield!
How bowed the woods beneath their sturdy stroke!

Let not Ambition mock their useful toil,
Their homely joys and destiny obscure;
Nor Grandeur hear with a disdainful smile
The short and simple annals of the poor.

The boast of heraldry,* the pomp of power,
And all that beauty, all that wealth e'er gave,
Awaits alike the inevitable hour:
The paths of glory lead but to the grave.
1742-1750 1751

16행: untaught 19행: hunter's horn 26행: soil, turf 33행: noble birth

만종은 저물어 가는 날을 애도하고,
나직이 울음 우는 소떼는 초원을 배회하네.
마지막 농부마저 터벅터벅 집으로 향하면,
이 세상에 남은 건 나와 어둠뿐.

눈앞 어슴푸레한 전경도 이제는 사라지고
엄숙한 고요가 대기를 감싼다.
들리는 것이라곤 풍뎅이 날갯짓 소리.
저 멀리 양 우리 잠재우는 방울소리뿐.

아, 담쟁이 넝쿨 우거진 탑에선 침울한 올빼미가
비밀스런 둥지 근처를 배회하며
고독한 통치를 방해하는 이를 두고
달에게 불평불만 늘어놓는다.

주름진 저 느티나무 또는 주목(朱木) 그늘 아래
썩어가는 흙으로 인해 잔디 부풀어 오른 곳
저마다 좁은 방 속에
이 산골마을 소박한 선친들이 잠들어 누워 있네.

아침이면 향기 뿜어내는 산들바람 손짓도
진흙짚새기 제비집에서 지즐대는 제비도
수탉의 날카로운 나팔소리도 메아리치는 뿔나팔도
그들을 초라한 잠자리에서 깨어나게 하진 못하리.

타오르던 벽난로도 지금은 꺼져 버렸고
분주하던 아내도 저녁일에 열중할 리 없고
아이들도 혀짤배기 소리로 아빠의 귀가를 반기지도,
입맞추려 다투어 무릎 위로 기어오르지도 않으리.

곡식들은 그들의 낫에 무수히 굴복했고
그들이 밭을 갈 때면 억센 땅도 박살이 났지.
그들은 얼마나 즐겁게 소를 몰아 밭으로 나갔던가!
힘찬 도끼질에 나무는 수없이 넘어졌지!

야망이여, 그들의 값진 노동과
소박한 즐거움과 비천한 운명을 비웃지 말라.

부귀영화여, 가난한 이들의 짧고 단순한 이력에
조소의 눈길도, 조롱섞인 비웃음도 보내지 말라.

명문의 자랑도 권력의 영화도
아름다움과 부(富)가 안겨 주는 그 모든 것도
시간은 막다른 골목에서 똑같이 기다리고,
영광의 길은 오직 무덤으로 이어질 뿐.

시의 첫 행부터 '약강 오음보'(iambic pentametre)의 단호한 리듬과 함께 단음절어, 장모음, 이중모음 등이 적절하게 배치되어 조종(Knell)의 낭랑한 울림이 공명을 일으킨다. 또한 「시골 묘역에서 쓴 비가」란 제목뿐 아니라 한결같이 이어지는 우수(憂愁)의 분위기는 명상의 대상인 죽음과 잘 어울린다. 사라지는 하루를 슬퍼하는 만종의 여운, 초원을 맴도는 양떼의 무리, 하루 일과를 마치고 집으로 향하는 농부의 지친 걸음걸이 등이 암시하듯, 이제 시인에게 남겨진 것은 어둠과 죽음에 대한 명상뿐이다. 그러한 사색에 걸맞게 시의 리듬도 자연과 더불어 사는 시골사람들의 느린 움직임을 재현하려는 듯 완만한 리듬으로 일관한다.

시인의 시야가 내면으로 향하건 외부세계로 향하건 '품격 높은 낭만시인들'(the high Romantics)에게 자연은 광범위한 탐색의 자극물로 작용하는 것이 보통이다. 반면 '전기낭만시인들'(the Pre-Romantics)은 자연의 내면적 본질이나 숨겨진 의미를 탐구하기보다는 눈에 보이는 자연의 모습과 어느 정도 거리를 두고 그것을 바라보며 세밀하게 관찰하는 경향을 보인다. 따라서 자연을 시의 제재로 사용한다는 점에서 그레이는 동시대 신고전주의 시인들과 편차를 보이지만, 밤의 세계에서 동물들의 모습과 동물들이 조성하는 음향을 따라가는 그의 발걸음은 시골 순사의 냉정하고 차분한 걸음걸이 바로 그것이다.[26]

감각에 와 닿는 인상들을 거울처럼 충실하게 반영하는 것이 시인의 역할이라는 그레이의 입장은 2연에 잘 드러나 있다. 어둠이 내리는 흐릿한 풍경, 풍뎅이의 단조로운 날갯짓, 목장에서 들려오는 양 방울의 딸랑거림 — 이러한 것들이 감각에 새겨지고 전달되는 과정에서 시인이 좀처럼 냉정을 잃지 않는다는 점에서 그레이는 고전적 전통으로부터 크게 이탈하지는 않고 있다. 주위를 감싸는 "엄숙한 고요"(solemn stillness)가 시인의 내면을 지배하고 자연에 대한 사색이 시인의 마음속에 정서적 반응을 유발할 때, 그러한 반응은 워즈워스의 경우처럼 "강력한 감정의 거침없는 범람"(the spontaneous overflow of powerful feelings)이 아닌 세심하게 의도된 사색의 결과물로 구성되기 때문이다. "참새 한 마리 내 창 앞에 다가와 앉을 때면 나는 그의 존재에 동참하고 자갈 사이 여기저기서 모이를 쫀다"([...] if a sparrow come before my window I take part in its existence and pick about the gravel.)는 키츠의 발언이 나오기까지는 아직 50여 년 세월이 가로놓여 있었던 것이다.

2연에 조성된 목가적 풍경, 고요한 분위기는 3연의 올빼미를 통해 계속 이어진다. 3연은 올빼미라는 단일 이미지에 집중하면서 2연에서 시작된 "자연의 인간화"(the humanization of nature)를 더욱 강화한다. 어둠에 감싸인 세계에서 움직이는 것이라고는 죽음의 전령 올빼미뿐이다. 묘지가 보이는 산등성이, 담쟁이 넝쿨 우거진 성에서 올빼미는 밤 세계를 온전히 지배한다. 앞 연에서 풍뎅이의 붕붕대는 날갯짓은 "its droning flight" 대신에 "his droning flight"로 의인화된 바 있다. 3연의 "her droning flight" 역시 그러한 의인화의 연장선상에 있다. 올빼미는 자신만의 세계를 침범한 불청객(화자)을 두고 달에게 하소연하는 것이다. 2연과 3연의 이미지들 모두가 인간이 수면 속으로 빠져드는 순간의 느슨한 심리 상태를 환기하고 있다. 자연물들 가운데서도 그러한 분위기를 조성하는 데 도움이

26) John Garrett, *British Poetry Since the Sixteenth Century* (London: Macmillan, 1986), 98-99.

되는 사물들만 취사선택하는 것으로 보아 그레이는 '조경'(the landscape gardening)의 시대 시인답게 합리적 감성의 법칙에 따라 자연에 질서를 부여한다고 할 수 있다. 어둠에 감싸인 자연은 혼돈스러울 정도는 아니다. 적당한 여명으로 어슴푸레한 빛을 발산하던 2연의 자연은 3연에 오면 달빛으로 인하여 더욱 밝아진다. 그러므로 시인의 마음속에서 길들여진 자연은 시인의 마음을 혼란스럽게 하기는커녕, 오히려 그로 하여금 사색의 나래를 마음껏 펼치게 하는 것이다.

4-6연에서 드디어 "조그만 산골마을 촌부들의 죽음"이라는 이 시의 주제가 전면에 부각된다. 주름진 느릅나무와 주목이 드리운 그늘 아래, 무너져 내리는 잔디로 뒤덮인 좁은 무덤 속에, 크게 배우지는 못했으나 정직했던 시골 촌부들이 잠들어 있다. 아침에 피어오르는 꽃향기도, 초가지붕 처마 밑에 보금자리를 마련한 제비들의 지저귐도, 수탉의 날카로운 울음소리도, 이른 아침 사냥꾼들을 불러 모으는 사냥나팔 소리도 이승의 고된 노역에서 벗어나 나직한 무덤 속에서 쉬고 있는 그들을 깨울 수는 없다. 죽음에 대한 명상은 6연에 오면 삶의 긍정적 측면을 예찬하는 방향으로 전개된다. 발갛게 달아오른 벽난로의 불빛, 남편의 귀가를 기다리며 저녁 식탁을 준비하는 시골 아낙네의 활기찬 모습, 아빠의 귀가를 알리는 혀짤배기 어린애들, 그들이 시샘하며 나누는 응석들. 이런 것들로 인해 시골촌부의 죽음은 남아 있는 이들에게 회한과 아쉬움을 남기며, 동시에 삶을 더욱더 소중한 것으로 바라보게 한다. 이 부분에서 시인의 어조가 절망이 아닌 향수와 회한의 어조로 일관하는 것은 바로 그 때문이다.

전체적으로 이 시는 도덕적 감화를 주요 목표로 하는 18세기 신고전주의 문학 전통에 뿌리를 두고 있으면서도, 가급적 감정을 절제하는 가운데 교훈이 담긴 내용을 경구적으로 표현하는 포프나 존슨의 어조에서는 많이 벗어나 있다. 그렇다고 묘지를 묘사할 때 래드클립(Anne Radcliff)이나 루이스(M. G. Lewis)의 고딕소설에서 볼 수 있는 공포 분위기를 조성하려고 안달하지도 않는다. 자연에 대한 암울한 사색을 보여주고 있음에도 불구하고 — 그레이는 어디까지나 신고전주의 이념이 지배하던 18세기 중엽의 시인이었기에 — "현세의 모든 영광은 결국 이렇게 덧없이 사라진다"는 고전적 명제의 범위에서 크게 벗어나지 않았다.

하지만 우리는 그레이를 통해 18세기 중엽 이미 무시하지 못할 문학적 조류가 되어 가고 있던 영국 낭만문학의 주요 특징들을 확인할 수 있다. 첫째, 그는 도시의 부산한 거리와 선술집과 커피하우스를 뒤로하고 전원 속에서 시의 원천과 동력을 찾아 나선다. 비록 자연이 유발하는 감정과 사색들은 고전적 범주를 벗어나는 일이 없으나 그것들은 시인을 소박하면서도 숭엄한 사색과 정감으로 이끈다. 둘째, 첫 연의 마지막 행 "And leaves the world to darkness and to me"에서도 볼 수 있듯이, 이 시는 그때까지 철저히 탐색된 적이 없는 영역, 즉 개인의 내면이라는 주체의 영역을 탐색 · 발굴하려고 시도한다는 점에서 '주요 낭만시인들'의 영역에 이미 들어서 있다. 1800년을 전후한 시기에 활동하던 시인들과 다른 점이 있다면, 그레이의 경우에는 내면의 혼돈도 외부의 격랑도 철저히 탐색되는 법이 없이 그것들이 '양식'(common sense)의 범위 내에서 조절되었다는 사실이다. 격한 감정을 토로하는 경우에도 그레이는 이성의 목소리를 외면할 수 없었던 18세기 시인의 범위를 크게 벗어나지 않는다. 더글러스 부시(Douglas Bush)가 「비가」를 가리켜 18세기의 『리시더스』(Lycidas)라 격찬한 것도 그레이의 "풍부한 감성"이 어디까지나 이성의 "엄격한 통제" 하에서 작용하였기 때문이다.

> One obvious reason the *Elegy* remains a great poem is a power of style which makes almost every line an example of "What oft was thought, but ne'er so well express'd". Images, though generalized, can be none the less evocative. The antitheses are more than antitheses; they are a succession of dynamic and ironic contrasts between ways and views of life. And all this inward force comes from a full sensibility working under precise control.

> In its combination of personal detachment and involvement, as well as in its generalized texture, the *Elegy* is in some sense an eighteenth-century *Lycidas*.[27]

『비가』가 위대한 시로 남을 수 있는 한 가지 명백한 이유는 거의 모든 시행들이 "흔히 생각은 하면서도 그토록 잘 표현된 적이 없었던 것"을 탁월하게 예시해 주는 스타일의 힘 때문이다. 비록 일반화되어 있긴 하지만, 이미지들의 환기력은 대단하다. 대구(對句)들도 단순한 대구들이 아니라 삶의 다양한 방식과 다양한 관점들 간의 일련의 역동적 · 반어적 대비들이다. 더욱이 그러한 내면적 힘 모두가 엄격한 통제 하에서 작용하는 풍부한 감성에서 비롯된 것이다. 일반화된 조직의 측면에서만이 아니라 초연과 몰입의 조화란 개인적 측면에서도 『비가』는 18세기의 『리시더스』라 할 만하다.

3 콜린스의 「시인송」

윌리엄 콜린스(William Collins: 1721-1759)도 신고전주의 전통을 전적으로 거부하지는 않았으나 오거스턴 주류문학에서 크게 벗어나 있다는 점에서 주목을 요한다. 문학사가들은 그를 스펜서, 셰익스피어, 밀턴의 제자로 간주하는 한편, 와튼(Joseph Warton) 그리고 그레이(Thomas Gray)와 더불어 일찍이 감성과 상상력의 중요성을 인식하고 그 바탕 위에서 시를 쓴 시인으로 평가한다. 그러면 여기에서는 그의 시 중에서도 모호하기로 정평이 나 있는 「시인송」(Ode on the Poetical Character)을 대상으로 콜린스가 예찬하는 시인의 초상을 살펴보기로 하자.[28]

---

27) Douglas Bush, *English Poetry : The Main Currents from Chaucer to the Present* (London: Methuen, 1965), 90.

28) Leonard Unger and William Van O'Connor, *Poems For Study : A Critical and Historical Introduction* (Minnesota: Rinehart & Company, Inc., 1953),

스펜서의 『요정 여왕』(Faerie Queene) 4권 5장에는 몇몇 숙녀들이 순결을 증명해 보이기 위해 마상시합을 벌이는 대목이 있는데 이 시는 그 에피소드를 연상시키며 시작된다. 고전신화에 의하면 비너스 여신의 허리띠 세스투스(Cestus)는 사랑의 마력이 깃든 마법의 허리띠이다. 『요정 여왕』에서 스펜서는 그 허리띠를 순결의 표상으로 상정하고는 순결치 못한 여성은 아무리 용을 써 보아도 그 허리띠를 찰 수 없도록 상황을 설정한다. 이 시의 첫 연에서 마법의 허리띠는 "chaste", "virgin-fame" 등의 표현을 통해 스펜서의 에피소드를 연상케 하며, 시가 전개될수록 그것은 진정한 시인의 재능을 상징하는 방향으로 전개된다. 그 띠를 허리에 두른 시인(prophetic loins)은 예언자처럼 비전을 보는 능력을 보장받게 된다.

『고전신화 사전』이 기술하는 바에 의하면,[29] 제우스는 하늘과 땅, 시내와 숲 그리고 바다를 창조하던 날 마법의 허리띠도 함께 엮어 만들었다고 한다. 그는 그 허리띠를 자기가 사랑하는 '공상'(Fancy)에게 선물로 주면서 그녀를 "수정 옥좌"(his sappire throne)에 앉힌다. 그러자 "사랑"(Love)과 "자비"(Mercy)의 음악이 온 하늘에 울려퍼지는 가운데 '공상'(Fancy)은 이 천상의 음악에 맞춰 마력적인 목소리로 노래를 부른다. 바로 그때 제우스로부터 창조력을 부여받은 시인 아폴로(Apollo)가 태어났다는 것이다. 2연 39행의 "숱 많은 머리칼의 젊은이"(rich-hair'd youth of morn: 39)는 태양신 아폴로이자 시인 자신이라 할 수 있다. 황금 머리칼의 빼어난 용모를 자랑하는 아폴로는 태양신이자 예언과 시와 음악의 신이다. 그러므로 비너스의 노래가 흘러넘치는 가운데 태어난 시인은 태양신 아폴로처럼 생명을 잉태하고 또 생명을 양육하는 자이다. 이어서 41-45행에

325-330. 직역하면 "시적 성격을 찬양하는 시"이어야 할 것이나, 그렇게 번역하면 어색하게 느껴지기에, 시의 내용에 맞추어 「시인송」으로 옮기는 편이 좋을 듯하다.

29) *A Handbook of Classical Mythology* (New York: F. S. Crofts and Co., 1942), 206-207.

오면 영감에서 우러나는 시의 특질이 나열된다. 마법의 허리띠(sainted growing woof)는 시인을 "위험한 열정"(dang'rous passions)으로부터 보호해 주는 동시에 '진리'(Truth)와 그늘진 곳에 사는 신비한 종족들(the shad'wy tribes of Mind) 곁으로 시인을 안내하여 "황홀과 경이"(ecstatic Wonder)를 맛보게 한다. '진리'는 시인이 비전을 볼 수 있도록 "새까만 눈"(tarsel's eyes)을 예리하게 단련시킨다.

시인이 거주하는 공간이 에덴동산과도 같은 울창한 숲이라는 것은 이 시의 마지막 연에 와서야 드러난다.[30] 그런데 이 울창한 숲은 신고전주의 시인들이 즐겨 찾던 처소는 분명 아니었다. 신고전주의 시의 시발점이 된 작가 월러(Edmund Waller)만 보더라도 이는 분명하다. 월러가 처소로 삼았던 "도금양 그늘"(myrtle shades) 아래는 밀턴이 처소로 설정했던 우람한 떡갈나무(oak)에 비하면 왜소하기 짝이 없다. 따라서 콜린스의 처소는 공상을 통해 숲 속에 빈터(fancied glades)를 마련했던 밀턴의 보금자리에 오히려 더 가깝다.

마지막 부분(71-76)에서도 시인은 밀턴의 전례를 따른다. 밀턴처럼 콜린스 역시 숲 속 빈터로의 복귀를 시도하지만 전반적인 시대 분위기로 인해 실패할 운명임을 자인한다. 이렇듯 신고전주의 시학에서 이탈하여 나름대로 시의 본질과 시의 영토를 탐색했던 콜린스에 대해 존슨(Samuel Johnson)은 이렇게 평한 바 있다.

---

30) 55-67행의 의미를 이해하기 위해서는 페가수스(Pegasus)와 관련된 고전신화를 상기할 필요가 있다. 고전신화에 의하면 시신(詩神)들이 피에루스(Pierus)의 딸들과 노래시합을 벌이고 있을 때 시내는 흐름을 멈추고 시신들의 보금자리인 헬리콘(Helicon) 산은 그 시합을 구경하기 위해 하늘로 고개를 쳐들었다 한다. 그때 포세이돈(Poseidon)은 헬리콘의 융기를 저지하려고 천마(天馬) 페가수스를 향해 헬리콘 산을 발길로 차라고 명한다. 그러자 그 자리에 히포크리네(Hippocrene)라 불리는 샘이 솟아나고 그 후 그 물을 마신 사람은 시적 영감을 얻게 되었다는 것이다.

He had employed his mind chiefly upon works of fiction and subjects of fancy, and by indulging some peculiar habits of thought, was eminently delighted with those flights of imagination which pass the bounds of nature and to which the mind is reconciled only by a passive acquiescence in popular traditions. He loved fairies, genii, giants, and monsters; he delighted to rove through the meanders of enchantment, to gaze on the magnificence of golden palaces, to repose by the waterfalls of Elysian gardens. [...] The grandeur of wildness and the novelty of extravagance were always desired by him. [...] This idea which he had formed of excellence led him to oriental fictions and allegorical imagery.[31)]

그의 마음은 주로 허구의 작용과 함께 공상과 관련된 주제들에 몰입되어 있었다. 사색의 몇몇 특이한 습관들에 탐닉함으로써 그는 자연의 범위를 벗어나는 상상력의 비상(飛翔)을 즐긴다. 우리 마음은 민중적 전통에 수동적으로 순응할 때만 그러한 상상력의 비상과 화해할 수 있다. 그는 요정과 수호신과 거인과 괴물들을 사랑했고, 마력이 깃든 오솔길을 즐겨 배회했으며, 금빛 찬란한 거대한 궁전들을 바라보거나 이상향의 정원 폭포 근처에서 한가로이 지내는 데서 즐거움을 맛보았다. [...] 그가 갈망하는 것이라고는 야성이 깃든 웅장한 자연과 기묘하리만치 풍성한 광경들이었다. [...] 그가 빼어난 형식이라 생각했던 이런 것들은 그를 동양적 허구와 풍유적 심상들로 이끌었다.

굳이 존슨의 권위에 기대지 않더라도 콜린스에게 '공상'(fancy)은 매우 중요한 주제였음이 충분히 드러났으리라 생각한다. 일상적 현실의 울타리(bounds of nature)를 훌쩍 뛰어넘어 야성과 마력의 세계에 탐닉한 콜린스는 — 존슨도 지적하듯이 — 『요정 여왕』, 고전신화, 기독교 상징 등에

31) Leonard Unger and William Van O'Connor, *Poems for Study*, 328에서 재인용.

기대어 "풍유적 이미지들"을 활용함으로써 "민중적 전통"의 맥을 잇고자 했다. 따라서 다소 유보적으로 보이는 존슨의 평가는 어디까지나 존슨 자신이 신고전주의 문학의 중심에 굳건히 서 있었던 데서 비롯된 것이라 말할 수 있겠다. 또 이는 거꾸로 콜린스가 신고전주의 신조와 미학으로부터 현저히 이탈해 있음을 반증하는 명백한 문학사적 증거자료가 된다.

이성과 양식, 합리성과 과학적 사고를 존중했던 신고전주의 작가들에게 신화의 언어와 광기의 언어는 환상 또는 상상에서 비롯된 것으로 경계의 대상이었다. 환상 또는 상상이란 용어를 경멸적 의미로 사용했던 그들은 오늘날 우리가 상상의 범주에 포함시키는 것들을 '기지'(wit) 또는 '창의력'(invention)이란 말로 대신하였다. "자연을 모방하는 것"(to copy nature), 자연 속에 깃든 원형을 드러내는 것, 그것이 바로 시인의 임무일진대, 그러한 일을 수행하는 데에는 창의력이 요구되기 마련이라는 것이다.

열정과 상상과 마력의 세계에 대한 탐닉에도 불구하고 콜린스의 시는 키이츠와 셸리의 강렬함에는 미치지 못한다. 차분하게 가라앉은 감정의 언어를 매개로 사색적(pensive)이고 애상적인(elegiac) 분위기를 조성하는 그의 시가 셰익스피어나 밀턴 또는 19세기 낭만시인들의 성취에 도달하지 못했던 것은 그들과 같은 힘과 에너지가 콜린스에게는 충분치 못했기 때문일 것이다.

Supplementary Reading

* Notes on Gray's *Elegy*:

1] curfew: originally rung at eight o'clock as a signal for extinguishing fires; after this practice had ceased, the word was applied to an evening bell.

8] tinklings: made by sheep-bells.

38] Trophies: memorials.

39] fretted: adorned with carved or embossed work. Cf. Hamlet, II, ii: "this majestical roof fretted with golden fire."

43] provoke: in its original sense, to call forth, to challenge.

51] rage: as often in the poetry of the eighteenth century, poetic fire (furor poeticus).

57] Hampden: John Hampden (ca. 1595-1643), one of the noblest of English Parliamentary statesmen; a central figure of the English revolution in its earlier stages.

69] conscious truth: truthful awareness of inward guilt.

72] In the Eton MS. this line was followed by four stanzas which were omitted in the published text. Here, according to Mason, the poem was intended to close; the "hoary-headed swain" and the epitaph were after-thoughts. pious: dutiful.

73] madding: outraged.

113] next: following morning. sad: serious.

119] Science: knowledge in the general sense.

Ode on the Poetical Character

1

As once, if not with light regard,
I read aright that gifted bard,
(Him whose school above the rest
His loveliest Elfin Queen has blest,)
One, only one, unrival'd fair,
Might hope the magic girdle wear,
At solemn tourney hung on high,
The wish of each love-darting eye;
Lo! to each other nymph in turn applied,
        As if, in air unseen, some hov'ring hand,
Some chaste and angel-friend to virgin-fame,
        With whisper'd spell had burst the starting band,
It left unblest her loath'd dishonour'd side;
                Happier, hopeless fair, if never
                Her baffled hand with vain endeavour
Had touch'd that fatal zone to her denied!
Young Fancy thus, to me divinest name,
                To whom, prepar'd and bath'd in Heav'n,
                The cest of amplest pow'r is giv'n:
                To few the god-like gift assigns,
                To gird their blest prophetic loins,
And gaze her visions wild, and feel unmix'd her flame!

2

The band, as fairy legends say,
Was wove on that creating day,
When He, who call'd with thought to birth
Yon tented sky, this laughing earth,
And dress'd with springs, and forests tall,
And pour'd the main engirting all,
Long by the lov'd enthusiast woo'd,

Himself in some diviner mood,
Retiring, sate with her alone,
And plac'd her on his sapphire throne,
The whiles, the vaulted shrine around,
Seraphic wires were heard to sound,
Now sublimest triumph swelling,
Now on love and mercy dwelling;
And she, from out the veiling cloud,
Breath'd her magic notes aloud:
And thou, thou rich-hair'd youth of morn,
And all thy subject life was born!
The dang'rous Passions kept aloof,
Far from the sainted growing woof:
But near it sate ecstatic Wonder
List'ning the deep applauding thunder:
And Truth, in sunny vest array'd,
By whose the tarsel's eyes were made
All the shad'wy tribes of mind,
In braided dance their murmurs join'd,
And all the bright uncounted Pow'rs
Who feed on Heav'n's ambrosial flow'rs.
Where is the bard, whose soul can now
Its high presuming hopes avow?
Where he who thinks, with rapture blind,
This hallow'd work for him design'd?

3
High on some cliff, to Heav'n up-pil'd,
Of rude access, of prospect wild,
Where, tangled round the jealous steep,
Strange shades o'erbrow the valleys deep,
And holy genii guard the rock,
  Its glooms embrown, its springs unlock,
While on its rich ambitious head,

An Eden, like his own, lies spread.
I view that oak, the fancied glades among,
By which as Milton lay, his ev'ning ear,
From many a cloud that dropp'd ethereal dew,
Nigh spher'd in Heav'n its native strains could hear:
On which that ancient trump he reach'd was hung;
            Thither oft his glory greeting,
            From Waller's myrtle shades retreating,
With many a vow from Hope's aspiring tongue,
My trembling feet his guiding steps pursue;
            In vain — such bliss to one alone,
            Of all the sons of soul was known,
            And Heav'n, and Fancy, kindred pow'rs,
            Have now o'erturn'd th' inspiring bow'rs,
Or curtain'd close such scene from ev'ry future view.

* Notes:

1] The poem (a regular Pindaric ode, but of a peculiar type favoured by Collins: see notes on Gray's Progress of Poesy) presents in allegorical form Collins's ideal of the poet's equipment and performance, and voices with increasing emphasis his disillusionment with his age and with his own work.

2] gifted bard: Spenser.

3] whose school: The reference is either to the Spenserians of the seventeenth or eighteenth century, or perhaps more generally to Spenser as the poet's poet.

5] Collins's note to this line refers to Florimel, a character in The Faerie Queene, Book IV. Actually it was Amoret whose "vertue of chast love,/ And wivehood true" entitled her to wear the magic girdle. (See canto v, 3).
love-darting eye: cf. Milton, Comus, 753: "Love-darting eyes, or tresses like the morn"; and Pope, Elegy to the Memory of an

Unfortunate Lady, 34: "And those love-darting eyes must roll no more."

17] Fancy: a synonym for imagination.

19] cest: girdle; in the allegory of the poem, the poetic faculty.

29] enthusiast: fancy (cf. line 17). The suggestion is that the union of the Diety with Fancy results in the creation of the universe and of the magic girdle, i.e., the poetic faculty.

39] youth of morn: the sun (cf. Ode to Evening, 5) or Apollo in his role of sun god.

43] Wonder: symbolizing one of the effects aimed at by Collins and his group in poetry.

45] Truth: claiming, symbolically, a truth and validity for the creations of the poetic imagination.

46] tarsel: tercel, the male falcon.

47] shad'wy tribes of mind: the personifications with which Collins's odes abound.

49] bright uncounted Pow'rs: spiritual beings, fit subjects for romantic verse.

54] This hallow'd work: "the magic girdle" (cf. lines 6, 19 and note).

55] cliff: a symbol of Milton's poetry, followed by symbolic details.

69] Waller's myrtle shades: the lyric verse of Edmund Waller (1605-1687). Cf. Pope, Essay on Criticism, 360-61.

72] one alone: Milton. Cf. line 5.

— from http://rpo.library.utoronto.ca/poem/

Ode to Evening[32]

If aught of oaten stop, or pastoral song,
May hope, chaste Eve, to soothe thy modest ear,
  Like thy own brawling springs,

32) Collins borrowed the metrical structure and the rhymeless lines of this ode from Milton's translation of Horace, *Odes* 1.5 (1673).

Thy springs and dying gales,

O nymph reserved, while now the bright-haired sun
Sits in you western tent, whose cloudy skirts,
With brede ethereal wove,
O'erhang his wavy bed:

Now air is hushed, save where the weak-eyed bat,
With short shrill shriek flits by on leathern wing,
Or where the beetle winds
His small but sullen horn,

As oft he rises 'midst the twilight path,
Against the pilgrim borne in heedless hum:
Now teach me, maid composed,
To breathe some softened strain,

Whose numbers, stealing through thy darking vale,
May not unseemly with its stillness suit,
As, musing slow, I hail
Thy genial loved return!

For when thy folding-star[33] arising shows
His paly circlet, at his warning lamp
The fragrant Hours, and elves
Who slept in flowers the day,

And many a nymph who wreaths her brows with sedge,
And sheds the freshening dew, and, lovelier still,
The pensive Pleasures sweet,
Prepare thy shadowy car.

Then lead, calm vot'ress, where some sheety lake

---

33) The evening star, which signals the hour for herding the sheep into the sheepfold.

Cheers the lone heath, or some time-hallowed pile
  Or upland fallows gray
  Reflect its last cool gleam.

But when chill blustering winds, or driving rain,
Forbid my willing feet, be mine the hut
  That from the mountain's side
  Views wilds, and swelling floods,

And hamlets brown, and dim-discovered spires,
And hears their simple bell, and marks o'er all
  Thy dewy fingers draw
  The gradual dusky veil.

While Spring shall pour his showers, as oft he wont,
And bathe thy breathing tresses, meekest Eve;
  While Summer loves to sport
  Beneath thy lingering light;

While sallow Autumn fills thy lap with leaves;
Or Winter, yelling through the troublous air,
  Affrights thy shrinking train,
  And rudely rends thy robes;

So long, sure-found beneath the sylvan shed,
Shall Fancy, Friendship, science, rose-lipped Health,
  Thy gentlest influence own,
  And hymn thy favorite name!

* Notes:

7] brede: antiquated for braid, embroidery.
17] numbers: cadences
23] Hour: in classic myth, the attendants on the day and the seasons.

London

LONDON
I wander thro' each charter'd street,
Near where the charter'd Thames does flow
And mark in every face I meet
Marks of weakness, marks of woe.
In every cry of every Man,
In every Infants cry of fear,
In every voice; in every ban,
The mind-forg'd manacles I hear
How the Chimney-sweepers cry
Every blackning Church appalls,
And the hapless Soldiers sigh
Runs in blood down Palace walls
But most thro' midnight streets I hear
How the youthful Harlots curse
Blasts the new born Infants tear
And blights with plagues the Marriage hearse

3. '순수와 경험'의 변증법: 블레이크의 『순수의 노래와 경험의 노래』

1 블레이크의 신비적 성향과 영국의 사회변동

블레이크(William Blake: 1757-1827)는 고작 네 살이던 유년시절에 하느님이 그의 침실 유리창에 이마를 대고 방 안을 기웃거리는 광경을 보고 비명을 질렀다 한다. 또 여덟 살 때에는 들판을 걸어가다가 나뭇가지에 주렁주렁 매달린 천사들이 별처럼 영롱하게 빛을 발하는 광경을 목격했던 것으로 알려져 있다. 런던의 어느 초라한 메리야스가게 주인 아들이 어린시절 경험한 이 같은 현상은 이례적인 일로 비쳐질지 모르나, 그의 아버지는 신심 깊은 아일랜드인의 후손이었고 가족들 또한 '스웨덴보리 추종자'(Swedenborgian)들이었음을 감안할 때, 블레이크의 이런 성향은 가문 특유의 내력에서 비롯된 것이라 할 수 있다.[34] 이런 가계의 내력 때문인지 어려서부터 블레이크는 가시적 세계의 이면에 존재하는 초자연적 실체를 감지하는 초능력을 보이는가 하면 성인이 된 뒤에도 상상력이라는 창조적 정신 작용을 통해 영적 실체와 교섭하려는 열망을 지속적으로

34) Louis Untermeyer, *A Concise Treasury of Great Poems* (New York: Simon & Schuster, 1971), 186-187. 아일랜드인은 자연 속에 묻혀 자연의 신비를 듬뿍 들이마시며 살아가기에 신비적 성향이 매우 강한 민족으로 알려져 있다. 스웨덴보리(1688-1772)는 스웨덴 출신의 '기독교 신비주의자'(Christian mystics)로 블레이크는 처음에는 그의 사상에 심취하지만 나중에는 그를 두고 "무덤에 앉아 있는 천사(이성의 화신)"(an Angel sitting at the tomb)라며 비판적 입장을 취한다. *The Marriage of Heaven and Hell*, Plate III, in *English Romantic Writers*, ed. David Perkins (New York: Harcourt Brace Jovanovich, Inc., 1967), 69.

펼쳐 보인다.

가문의 내력 못지않게 18세기 후반 영국 사회의 변동도 블레이크의 정신주의적 성향을 강화시키는 동인(動因)으로 작용한다. 당시 영국사회는 그때까지 가내수공업의 형태로 존속해오던 생산방식이 증기기관의 발명에 힘입어 대량생산체제로 바뀌는 급격한 사회변동의 와중에 돌입해 있었다. 베틀 앞에 앉아 손으로 직접 직물을 짜던 시골 아낙네들의 가내수공업적 생산방식은 대량생산체제가 본격적으로 가동되기 시작하면서 경쟁력을 잃게 되고, 그 결과 그들은 저임금 공장노동자로 편입된다. 또한 기술의 발달로 부를 축적한 부르주아와 지주들은 자영농민들의 농경지를 서서히 잠식하는데, 그들은 거기에다 울타리를 쳐서 자영농민과 소작농민들을 도시로 내몰아 공장노동자로 전락시킨다. 시커먼 연기를 뿜어대는 공장 주변에는 새로운 달동네들이 우후죽순처럼 생겨나고, 머지않아 영국의 "초록빛 전원"(green countryside)은 가건물들이 빼곡히 들어찬 불결하고 황량한 잿빛 도시로 바뀐다.

이제 역사상 처음으로 영국에서는 노동력을 수탈당하는 수많은 근로대중이 비좁은 빈민가에 촘촘히 모여 살며 프롤레타리아 계급 집단을 형성하게 된다. 영국민은 벤저민 디스렐리(Benjamin Disraeli)가 "두 국민"(the two nations)이라 부른 "부자와 빈자"(rich and poor)로 나뉘어 그 사이에 메울 수 없는 균열이 가로놓이게 되는 것이다. 무분별한 산업화와 물질만능주의가 영국민의 영혼에 가하는 해악을 강도 높게 비판한 작가·지식인들이 없었던 것은 아니나 칼라일(Thomas Carlyle), 러스킨(John Ruskin), 디킨즈(Charles Dickens), 개스켈(Elizabeth Gaskell), 킹슬리(Charles Kingsley) 모두가 19세기 초·중반기 작가들이다. 이보다 훨씬 이전에 블레이크는 물질이야말로 영혼을 타락시키는 장본인임을 간파하고는 구약시대의 예언자처럼 영국인의 물질숭배와 물질만능주의를 준엄하게 비판하기 시작한다.

산업혁명 못지않게 프랑스혁명도 인간의 미래에 대한 희망을 일깨우고 창조적 정신에 대한 믿음을 강화시켜 블레이크로 하여금 "묵시적 비전"(Apocalyptic vision)으로 나아가게 한다. 워즈워스와 콜리지는 처음에는 혁명의 열렬한 지지자였으나 영국이 프랑스와 전쟁사태에 돌입하고 또 프랑스 공화주의자들의 '공포정치'(the Reign of Terror: 1793)가 지속·심화되는 과정에서 보수적 입장으로 선회한다. 이와는 대조적으로 블레이크는 처음부터 끝까지 혁명의 이념과 대의에 공감하면서 자신의 입장을 철회하지 않는다. 프랑스혁명은 그때까지 억눌려온 인간의 잠재력이 화산이 분출하듯 폭발한 현상이며, 자유로운 환경 속에서 상상력이 거침없이 발현될 때 인간은 냉담과 무관심의 벽을 허물고 공감과 사랑으로 결속된 인간공동체를 유지·발전시킬 수 있다는 신념을 블레이크는 끝까지 견지한다.

2 순수의 세계에서 경험의 세계로: 「성 목요일」의 경우

블레이크는 십대 사춘기에 이미 영문학사상 주목할 만한 서정시들을 세상에 선보이는데, 『시적 스케치』(Poetical Sketches: 1783)란 첫 시집에 실린 그의 시들은 엘리자베스 시대와 제임스 1세 시대 시인들의 서정시를 방불케 한다. 그러나 이 서정시들은 순수 서정성의 측면에서 본다면 셰익스피어를 제외한 다른 모든 시인들을 능가한다 해도 과언이 아닐 것이다. 그는 또 이십 대에 쓴 시들을 모아 『순수의 노래』(Songs of Innocence: 1789)란 제목으로 시집을 펴내는데, 이 시집을 펴낼 때 그는 이후의 창작물에 줄곧 사용하게 될 놀라운 작품제작 방식을 도입한다. 그는 동판에다 방산밀랍(防酸蜜蠟)을 입힌 뒤 본문과 해설그림이 섞여 있는 도안부분을 제외한 나머지 부분을 파내고, 거기에다 산을 부어 도안부분이 돋을새김으로 남게 한다. 이 동판으로 그는 한 페이지를 몇 장씩 찍고는 거기에다 수채물감을 칠한 뒤 그것을 엮어 책으로 만들었다. 1794년에 블레이크는 이 "순수의 노래"에다 그동안 쓴 다른 시들을 첨가하여 『순수의 노래와 경험의 노래』(Songs of Innocence and of Experience)란 제목으로 세상에 내놓는다.

여기 수록된 시들은 블레이크가 "인간 영혼의 상반된 두 상태"(two contrary states of the human soul)라 부른 첨예하게 대립되는 두 세계를 지극히 명료하게 보여주는데, 대부분 한 쌍을 이루면서 전체적으로는 고도의 극적 효과와 함께 폭넓은 상징성에 도달하고 있다. 이를테면 "순수의 노래"와 "경험의 노래" 모두에 「성 목요일」(Holy Thursday)이라는 같은 제목의 시가 있으며, "순수의 노래"의 「꽃」(The Blossom)과 「양」(The Lamb)은 각기 "경험의 노래"의 「병든 장미」(The Sick Rose)와 「호랑이」(The Tyger)의 짝이 되는 시들이다. 이 같은 예를 열거하자면 한이 없을 것이기에 우선 한 쌍의 「성 목요일」만으로 범위를 제한하겠다. 각각의 「성 목요일」에서 "인간 영혼의 상반된 두 상태"가 어떻게 재현되고 있는지, 또 시인이 궁극적으로 무엇을 지향하고 있는지를 주로 길럼(D. G. Gilham)의 블레이크 시 읽기에 기대어 살펴보자. 먼저 "순수의 노래"의 「성 목요일」 전문이다.[35)]

T'was on a Holy Thursday, their innocent faces clean,
The children walking two & two, in red & blue & green,
Grey headed beadles walkd before with wands as white as snow,
Till into the high dome of Paul's they like Thames' waters flow.

O what a multitude they seemd, these flowers of London town!
Seated in companies they sit with radiance all their own.
The hum of multitudes was there, but multitudes of lambs,
Thousands of little boys & girls raising their innocent hands.

Now like a mighty wind they raise to heaven the voice of song,

35) *William Blake* (London: Cambridge UP, 1971), 18-39.

Or like harmonious thunderings the seats of heaven among.
Beneath them sit the aged men, wise guardians of the poor;
Then cherish pity, lest you drive an angel from your door.

성 목요일에, 어린이들이 윤기 나는 얼굴 반짝이며 걸어가네,
붉은색, 푸른색, 초록색 유니폼 차려입고 둘씩 짝지어 걸어가네.
눈처럼 하얀 지팡이를 든 백발의 장로들이 그들을 인도하나니,
세인트 폴 성당 둥근 지붕 안으로 그들은 템스 강물처럼 흘러가네.

런던의 이 꽃들은 지천으로 무리지어 피어있구나!
삼삼오오 모여 앉아 그들은 그들만의 광채를 발산하네.
여기저기 웅얼거리는 소리는 다만 양떼들의 웅얼거림일 뿐.
수천의 아이들 때묻지 않은 두 손 모아 기도드리네.

이제 거센 바람처럼, 은은히 울려퍼지는 천둥처럼,
하늘 높은 곳으로 그들의 노랫소리 밀어 올리네.
아래쪽엔 가난한 이들 보살피는 노인들이 앉아 있나니,
천사를 내쫓는 일이 없으려거든 부디 자비를 베풀지어다.

다음에 제시하는 것은 "경험의 노래"의 「성 목요일」이다. 동일한 상황을 두고 그것을 비판적 시각에서 바라보며 해석하는 화자의 심리에 주목하기 바란다.

Is this a holy thing to see,
In a rich and fruitful land,
Babes reduced to misery,
Fed with cold and usurious hand?

Is that trembling cry a song?

Can it be a song of joy?
And so many children poor?
It is a land of poverty!

And their sun does never shine,
And their fields are bleak & bare,
And their ways are fill'd with thorns;
It is eternal winter there.

For where-e'er the sun does shine,
And where-e'er the rain does fall,
Babe can never hunger there,
Nor poverty the mind appall.

이것이 성스런 광경이란 말인가?
부유하고 풍요로운 나라에서
젖먹이들이 비참의 나락으로 추락하고
차가운 손이 내미는 걸 받아먹는 광경이?

저 떨리는 외침이 노래란 말인가?
저것이 환희의 노래일 수 있나?
저토록 많은 어린이들이 불행한데도?
이곳은 얼어붙은 굶주림의 나라!

그들의 태양은 비치는 일 없고
그들의 들판은 헐벗고 황량하며
길이란 길은 가시덩굴로 뒤덮인
이곳엔 영원한 겨울만이 있을 뿐.

태양이 비치는 곳에선 어디에도

비가 내리는 곳에선 어디에도
젖먹이들이 굶주림에 허덕이거나
가난으로 소름끼치는 일 없기에.

이 한 쌍의 시는 런던 자선단체들의 기부금으로 운영되는 몇몇 자선학교 어린이들이 예수승천을 기념하는 '성 목요일'(Ascension Day)에 세인트 폴 성당에 모여 예배드리는 광경을 지극히 상반된 시각에서 보여주고 있다. 자선학교 어린이들은 소속 학교에 따라 각기 다른 유니폼을 입고 배정된 구역에 모여앉아 예배를 드리게 된다. 그런데 그 광경은 보는 사람의 시각에 따라 서로 다른 생각과 정서를 유발하게 마련이다. 부자들의 자선행위는 기본적으로 종교적 또는 인도주의적 측면에서 행해지는 것이겠지만, 산업혁명이 한창 진행 중이던 1780-1790년대에는 부르주아계급이 기득권 유지 전략의 일환으로 자선학교 제도를 운영했던 측면도 있었다. 어린이들에게 복종, 헌신과 같은 일부 종교적 교리를 교묘히 주입함으로써 후일 이들이 체제전복 기도에 합류할 가능성을 사전에 차단할 수 있을 것으로 기대했기 때문이다. 뿐만 아니라 그들이 자선학교를 운영하는 이면에는 자신들의 지위를 넘보지 않을 정도로만 어린이들을 교육시킴으로써 그들을 고분고분한 노동자 또는 하인으로 길들이려는 저의도 있었을 것이다. 바로 이와 같은 이유를 들어 이 "현명한 후견인"들은 자선학교 제도 반대자들을 설득해 갔다. 인간의 자선행위는 어디까지나 이기적인 동기에서 비롯된 것이라고 "경험의 노래" 화자는 보고 있다(Gilham, 19). 그는 자선이 행해진다는 사실 자체가 인간이 인간다운 관계를 맺는데 실패했기 때문에 생기는 현상으로 보는 것이다. 사람들이 교회에 모여 예배를 드리는 이면에는 인간에 대한 무관심이 깊이 내재되어 있으며, 자선행위란 것도 따지고 보면 진심으로 이웃을 사랑하는 마음에서 발현되기보다는 기득권 수호라는 자기방어 차원에서 이루어진다는 것이다. 표면적으로는 하느님을 공경하고 이웃을 사랑하는 것 같지만 "차가운 수전노의 손"(cold and usurious hand)이 베푸는 보잘것없는 자선에는 이기적인 동기와 함께 인간에 대한 두려움이 내재되어 있기에, 그런 사회에서 인간의 모든 행위는 위선이고 가식일 뿐이다. "경험의 노래"의 「성 목요일」에서, 아이들이 부르는 찬송가 소리가 굶주린 아이들의 절규와 흐느낌으로 들리는 것은 바로 이 때문이다. 영국이 아무리 부유하고 풍요로운 나라로 보일지라도 힘없는 이들이 가난과 고통과 무관심 속에 방치되는 한 그곳은 가난의 땅일 수밖에 없다. 그런 사회에서는 사람들의 마음길도 온통 가시덩굴로 뒤덮여 의사소통이 원활하게 이루어질 수 없고, 소통이 이루어지는 경우에도 심한 왜곡 현상을 보이게 마련이다.

"경험의 노래"의 회의적·부정적 관점과는 대조적으로 "순수의 노래"의 화자는 어린이들이 예배드리는 광경에 빨려들어가 그들의 예배의식에 함께 참여한다. 학교마다 서로 다른 유니폼을 입고 열을 지어 질서정연하게 움직이는 어린이들의 얼굴에서 슬픔이나 불안의 그림자란 찾아볼 수 없다. 장로들이 목자의 상징인 하얀 지팡이를 짚고 그들을 인도하여 세인트 폴 성당 안으로 천천히 걸어 들어간다. 그들이 만들어내는 질서와 형식의 아름다움은 장대한 사원과 유유히 흐르는 템스 강의 이미지에 의해 중후하고 유장한 아름다움으로 승화되고 있다. 성당 안에 무리지어 모여 앉아 하느님을 찬양하는 그들의 모습은 「묵시록」 14장의 다음 장면을 연상케 한다.

> And I looked, and lo, a Lamb stood on the mount Sion, and with him one hundred forty and four thousand. [...] And I heard a voice from heaven as the voice of many waters, and as the voice of a great thunder. [...] And they sung as it were a new song before the throne. [...] These are they which follow the Lamb whithersoever he goeth. These were redeemed from among men, being the first-fruits unto God and to the Lamb.
>
> 그리고 나는 보았다. 과연 어린양이 시온산 위에 서 있고 그와 함께

> 십사만 사천 명이 있었다. [...] 그리고 나는 하늘에서 울려오는 소리를 들었는데 마치 대단한 물소리와도 같고 큰 천둥소리와도 같았다. [...] 그들은 옥좌 앞에서 새로운 노래를 부르고 있었다. [...] 그들은 어린양이 가는 곳이면 어디든지 따라다니는 이들이다. 그들은 하느님과 어린양을 위한 햇곡식과도 같은 이들로 사람들 가운데서 가장 먼저 죄사함을 받았다.[36]

"순수의 노래" 화자에게 "현명한 후견인들"(wise guardians)은 그리스도의 가르침에 따라 사랑과 자비를 실천하는 그리스도의 제자들이다. "천국에서 가장 대접받을 사람은 누구입니까?" 하고 제자들이 묻자, 그리스도는 한 아이를 가리키며 "나의 이름으로 이런 조그만 아이를 영접하는 사람은 나를 영접하는 사람"(Matthew 18:5)이라고 대답한다. 그러므로 이 시에서 자선을 행하는 "후견인들"은 그리스도의 가르침대로 가난하고 약한 자들에게 자비를 베푸는 선량한 사람들이다. 또한 그들은 "언제나 낯선 사람을 환대해야 합니다. 낯선 사람을 영접할 때 어떤 이는 자신도 모르는 사이에 천사들을 영접할 것이기 때문입니다."(Hebrews 13: 2)라고 한 사도 바울의 말을 곧이곧대로 실천하는 사람들이다.

그렇다면, "순수의 노래" 화자와 "경험의 노래" 화자의 관점 중에서 어느 쪽이 더 타당하며, 어느 쪽이 더 긍정적인 것일까? 결론부터 말하자면, "경험"의 화자가 산업사회의 구조적 모순을 깊이 통찰하고 도덕적으로 우월한 것 같지만 그는 구체적인 상황에 대한 공감적 대응 능력을 상실하고 단지 고정관념에 사로잡혀 독선적으로 사고를 전개한다고 할 수 있다. 순수의 화자는 감상적일 뿐만 아니라 사회의 구조적 모순에 대해 아무런 관심도 없는 것으로 비쳐지기도 한다. 하지만 최소한 그는 마음의 문을 열

---

36) 이 번역은 '성서번역연구회'가 공동번역한 『신약성서』(서울: 분도출판사, 1999)에서 인용한 것이다.

고 현실에 참여하면서 충만한 삶 속에 내재된 신성을 경험한다. "순수"의 화자는 그의 눈에 들어오는 인물들의 표정과 걸음걸이, 의상과 노래하는 모습, 음향과 음색 등 세부적 디테일들을 보이는 그대로 묘사하는 것으로 보아 그 상황에 몰입·참여하고 있다. 이와는 반대로 "경험" 화자가 제시하는 상황은 시의 제목에서 유추·해석하지 않는다면 어린이들의 예배 장면임을 알아차리기 힘들 것이다. 그는 현실의 상황에 공감적으로 동참하는 대신에 자신의 고정관념을 거기에 투사하는 측면이 많다. "가난이 있는 곳에 풍요로움이 있을 수 없다"는 고정관념에 사로잡혀 있는 그에게 인간의 자선행위란 고리대금업자들처럼 자기 이익을 지키기 위해 행하는 자기방어로 보일 뿐이다.

"경험의 노래" 화자의 분노와 고발은 체계적인 사유에서 비롯된 것이 아니라는 점에서 다분히 일회적이 되어 버릴 공산이 크며, 거기에는 사회적 책임감 또한 결여되어 있다. "순수의 노래" 화자가 다분히 감상적이고 단순하며 사회 부조리에 둔감한 것처럼 비쳐질지 모르나 최소한 그는 불행한 이들에게 자비를 베풀고 그들을 위로하는 자선행위를 통해 사회적 책임을 다한다. 더구나 그는 고정관념이나 이데올로기 또는 독선적인 생각을 타인에게 강요하는 일 없이 매순간 현실의 구체적 상황에 공감하고 참여함으로써 창조적인 삶을 실현한다. 가난한 이들을 도와주고 그들에게 자비를 베푸는 행위는 이기적인 목적에서 비롯된 것이 아니라 그런 행위 자체가 바로 타고난 인간성을 건강하게 그리고 정상적으로 발현하는 일이기 때문이다.

이처럼 "순수한"(innocent) 영혼과 "타락한"(fallen) 영혼의 대립 상태는 「영원」(Eternity)이란 사행시에 다음과 같이 간명하게 재현된다.

> He who bends to himself a joy
> Does the winged life destroy;
> But he who kisses the joy as it flies

Lives in Eternity's sunrise.

기쁨을 자신에게 옭아매는 자
나래 편 생명을 파괴하고,
날아가는 기쁨에 입맞추는 자
'영원'의 해 뜨는 곳에 산다.

처음 두 행에 재현된 인간은 욕망의 대상에 너무나 집착한 나머지 그것을 영속적으로 완전히 자기만의 것으로 만들려는 이기적인 인간이다. 기쁨의 대상이란 — 하늘을 나는 새나 이 꽃에서 저 꽃으로 날아다니는 나비처럼 — 붙잡으려고 하는 순간 재빨리 우리의 손아귀를 빠져나가 버리는 존재이다. 그것을 사로잡아 자기만의 것으로 소유하려는 욕심을 버릴 때, 그것은 축복과도 같이 일순간 우리에게 다가온다. 기쁨의 대상에게 에너지를 마음껏 발산하도록 자유를 허용하면서 그 모습을 즐길 때에만 인간은 '영원'의 태양이 눈부시게 빛을 발하는 천국을 경험할 수 있기 때문이다.

블레이크의 시에서 인간의 이기심, 불안, 공포, 무관심, 탐욕 등은 경험적 세계의 보편적 속성들로, 그러한 속성들은 '구상화' 또는 '물화'(reification)되어 공감적 경험의 가능성을 끊임없이 무산시킨다. "경험의 노래"의 화자들은 대부분 자신들이 다른 사람들보다 현명하고 우월하다고 생각하면서 강하게 자기주장을 펴는 자들로, 감각의 문을 닫아걸고는 고정관념이나 독선적인 생각 혹은 이데올로기에 사로잡혀 모든 상황을 자의적으로 해석하고 판단한다. 블레이크가 판화를 통해 보여주는 그들의 모습은 감각이 거의 소진된 백발노인이나 장님 또는 절름발이로 재현되고 있다.

3 타락한 세계의 실상: 「아! 해바라기여」와 「런던」

경험의 세계에서는 알게 모르게 인간다운 삶을 방해하는 장애물들이 수없이 많다. 블레이크의 시를 읽노라면 자기도 모르는 사이에 우리 자신도 왜곡된 삶을 살아왔음을 인식하게 되며, 더욱이 그런 상황을 타개할 아무런 처방도, 아무런 조치도 마련할 수 없음을 안타까워하며 허무감 속으로 깊이 빠져들게 마련이다. "경험의 노래"의 「아, 해바라기여!」(Ah Sun-flower!)는 현실을 부정하며 현실에 절망하는 인간의 보편적 상황을 상징적 기법으로 매우 실감나게 보여주고 있다.

Ah Sun-flower! weary of time,
Who countest the steps of the Sun,
Seeking after that sweet golden clime
Where the travellers journey is done;

Where the Youth pined away with desire,
And the pale Virgin shrouded in snow,
Arise from their graves and aspire,
Where my Sun-flower wishes to go.

아, 해바라기여! 세월이 지겨워,
태양의 발자국 헤아리며,
여행자의 여행이 끝나는 곳,
저 달콤한 황금의 나라를 갈망하누나.

욕망으로 수척해진 젊은이도
눈빛 수의에 감싸인 창백한 처녀도
무덤에서 일어나 갈망하누나,
나의 해바라기 가고 싶어하는 그곳을.

첫 행의 “아” 하는 탄성과 마지막 행의 “나의 해바라기”란 표현에서 감지할 수 있듯이, 시인은 해바라기에게 연민의 정을 느끼고 있다. 그런데 해바라기의 불행은 존재방식의 잘못에서 비롯된 것이라 할 수 있다. 해바라기는 태양이라는 도달할 길 없는 목표를 갈망하는 일 이외에는 다른 어떤 존재방식도 보여주지 않기 때문이다. 대지에 뿌리박고 살아가도록 운명지워진 해바라기에게 그런 갈망은 그의 삶 자체를 황폐하게 하는 원인이 된다. ‘젊은이’도 ‘처녀’도 사정은 비슷하다고 할 수 있다. 그들도 끊임없이 “저 달콤한 황금의 나라”를 갈망하지만 그곳은 죽은 자들이 무덤에서 깨어날 때에야 비로소 다가갈 수 있는 영혼의 궁극적 목적지, 내세의 영역이다. 그들이 현실을 불만족스럽게 여기며 현실이 제공하는 삶의 다양한 국면을 향유하지 못하는 것은 이상을 생명의 영역이 아닌 죽음의 영역에다 설정하기 때문이다. 내세에서 보상받으려는 마음의 자세는 하느님이 내려주신 생명의 선물에 감사할 줄 모르는, 현실부정의 불경스런 자세이다. 눈처럼 하얀 옷을 입은 ‘처녀’는 성처녀 마리아의 순결과 순수를 암시하면서도, “shrouded”란 단어로 인해 그녀의 옷은 곧바로 수의(壽衣)로 전이되고, 그 결과 그녀의 삶은 현실부정의 그릇된 관념에 매몰된 수녀의 존재방식과 연결된다.

그릇된 갈망은 인간의 에너지를 고갈시키고 인간의 삶을 황폐하게 한다. 해바라기의 잘못된 존재방식은 이 시의 내용뿐 아니라 구문을 통해서도 재현되고 있다. 단일 문장으로 이루어진 이 시에서 주어를 이어받는 술어가 존재하지 않는다는 사실로 인하여 불만에 찬 인간의 불안정한 모습은 한층 더 선명하게 부각된다. 술어의 부재로 인하여 독자들은 시의 의미에 적중했다는 느낌을 맛볼 수 없고, 그 결과 충족의 결핍에서 비롯된 불안감이 더욱더 가중되는 것이다.

“경험의 노래” 화자의 관점이 올바르지 못하고 또 경험의 세계가 부패와 위선과 이기심으로 가득 차 있다고 해서 “경험의 노래”가 “순수의 노래”보다 덜 감동적이라거나 또는 열등하다고 할 수는 없을 것이다. 사랑도 상상력도 고갈된 인간사회의 실상을 매우 리얼하게 보여준다는 점에서 "경험의 노래"는 영문학사상 어느 시인도 모방할 수 없는 서정시들로 구성되어 있다. "순수의 노래"와 "경험의 노래"를 통해 블레이크가 의도했던 것은 "인간 영혼의 상반된 두 상태"(the two contrary states of human soul)를 매우 생생하게 재현하여 보여주는 것이었다. 경험의 세계를 사는 독자들은 오히려 "경험의 노래"에 더 큰 친화를 느낄 수도 있을 것이기에, 필자는 18세기 말 영국사회의 구조적 모순을 매우 잘 재현한 시로 평가받는 「런던」(London)을 바버(Charles Barber)의 해석에 기대어 읽어보고자 한다.[37)]

I wander thro' each charter'd[38)] street,
Near where the charter'd Thames does flow,
And mark in every face I meet
Marks of weakness, marks of woe.

In every cry of every Man,
In every Infant's cry of fear,
In every voice, in every ban,[39)]
The mind-forg'd manacles I hear.

How the Chimney-sweeper's cry
Every blackning Church appalls;
And the hapless Soldier's sigh
Runs in blood down Palace walls.

---

37) *Poetry in English : An Introduction* (Hong Kong: Macmillan, 1983), 88-90.

38) "given liberty," but also, ironically, "preempted as private property, and rented out."

39) The various meanings of ban are relevant (political and legal prohibition, curse, public condemnationm) as well as "banns" (marriage proclamation).

But most thro' midnight streets I hear
How the youthful Harlot's curse
Blasts the new-born Infant's tear,[40)]
And blights with plagues the Marriage hearse.[41)]

법제화된 템스 강물 가까이 흐르는
법제화된 거리 따라 나는 걸어간다.
마주치는 사람들의 얼굴마다엔
나약함의 징표, 슬픔의 낙인(烙印)뿐.

온갖 사람들의 저 모든 외침에서,
젖먹이의 겁에 질린 비명소리에서,
온갖 목소리, 온갖 금지령에서,
마음이 벼른 족쇄 소리 듣노라.

새벽녘 굴뚝청소부의 외침소리는
검게 그을려가는 교회 소름끼치게 하고,
불운한 병사의 한숨 소리는
왕궁 성벽 아래 강물 되어 흐르네.

무엇보다 한밤중 거리에서 들려오는 소리.
나이 어린 매춘부의 저주 소리는

---

40) Most critics read this line as implying prenatal blindness, resulting from a parent's venereal disease (the "plagues" of line 16) by earlier infection from the harlot.

41) In the older sense: "converts the marriage bed into a bier." Or possibly, because the current sense of the word had also come into use in Blake's day, "converts the marriage coach into a funeral hearse."

갓 태어난 젖먹이 눈물 말려 버리고,
역병으로 결혼상여 시들게 하네.

첫 연에서부터 이 시는 무거운 리듬과 함께 단어의 반복 현상 — charter'd, charter'd; mark, Marks, marks — 이 두드러지게 나타나 있다. 이런 현상으로 인해 런던거리를 걸어가는 사람들의 행렬은 마치 지옥의 변방 림보(Limbo)를 떠도는 죽음의 행렬로 느껴진다. 산업혁명의 초기단계에 진입한 영국사회의 실상을 블레이크는 특히 "charter'd"란 단어를 통해 명료하게 재현한다. "charter'd"는, 'Magna Carta'(대헌장)란 역사적 명칭으로 미루어 짐작할 수 있듯이, "법령을 통해 특권이 부여된"이라는 뜻의 단어이다. 그렇다면 런던의 모든 거리는 소수 특권층 인사들만이 자유롭게 활보할 수 있고, 서민대중은 특권층의 허락을 받아야만 통행할 수 있었다는 얘기가 된다. 서민들이 나룻배를 타고 거침없이 넘나들던 템스강은 이제 특권층이 뱃놀이 하는 곳으로 전락하여 마음대로 드나들 수도 없다. 요컨대 시인은 "charter'd"란 단어를 매개로 당시 영국 민중이 겪어야 했던 온갖 부자유와 질식할 듯한 삶의 모습을 재현한 것이다.

기득권자들이 만들어 놓은 법과 제도와 관습에 영국 민중이 짓눌린 상황은 둘째 연에서는 특정 어구의 지속적인 반복 — "In every [...] every [...].", "In every [...].", "In every [...] in every [...]." — 에 의해 보편성을 획득한다. 또한 "mind-forg'd manacles"란 어구가 둘째 연 마지막 시행에 배치됨으로써 결과적으로 그것은 전체 시 흐름의 중간부분을 점유하게 되고, 더욱이 이 어구에 세 개의 강세가 연속적으로 배치됨으로써 "마음이 벼른 족쇄"의 의미는 한층 더 고조된다. 자유의 제한이나 박탈은 다음 연에서 거론되는 교회와 궁전처럼 일차적으로는 외부적 권위로부터 강압적으로 부과되는 것이지만, 인간이 두려움에 사로잡힌 나머지 일찌감치 저항을 포기하고 당국의 명령을 내면화하는 데 더 큰 원인이 있음을 이 구절은 강하게 암시하기 때문이다.

기존 제도의 해악이 정치, 사회, 종교의 전 영역에서 조직적으로 이루어지는 현상은 3연에서 더욱더 구체성을 띠고 전개된다. 당시 런던에서는 굴뚝청소용 긴 빗자루를 사는 것보다 어린이를 고용하여 굴뚝을 청소하게 하는 편이 훨씬 더 경제적이었기에 그들을 굴뚝청소에 광범위하게 이용했다고 하기에 충분하다.[42] 산업화의 초기에 이미 보편화되었던 이 같은 처사에 블레이크가 분노를 느끼지 않았다면 오히려 이상한 일일 것이다. 노동력을 팔기 위해 이 거리 저 거리 돌아다니며 "weep, weep"(꿀~[뚝] 딱~[으려]! 꿀~[뚝] 딱~[으려]!) 하고 외쳐 대는 굴뚝청소부의 악쓰는 소리는 사랑과 자비의 전당인 교회를 당혹스럽게 한다. 영혼을 지키고 영혼을 정화시키는 일이 지상 목표인 교회마저도 산업화의 전반적 조류에서 예외일 수는 없었다. 교회도 다른 건물들처럼 석탄 매연으로 검게 그을리게 마련인 것이다. 그러나 "검게 그을려 가는 교회"란 구절은 산업화 사회의 전반적 타락 현상에서 교회도 예외일 수 없음을 암시하고 있다. 국가권력 또한 조국과 민족의 이름으로 민중을 선동하여 그들을 구국의 전쟁터로 이끌지만, 그들이 내세우는 대의명분은 가진 자들의 기득권 수호와 더 많은 부를 획득하기 위한 것일 뿐이다.

그런 사회에서 타락의 극치는 성의 타락 현상으로 나타난다. 마지막 연에서 시인은 성을 상품으로 내어 놓은 매춘부의 저주소리를 듣는다. 15행의 "blast"에는 "열기를 품은 건조한 바람이 식물을 바싹 말려 버리다"는 뜻과 함께 "하느님의 노여움이 벼락으로 내려치다"란 두 가지 의미가 내포되어 있다. 따라서 나이 어린 매춘부가 내지르는 저주소리는 매춘의 결과 원치 않는 아기를 낳게 된 매춘부가 젖먹이와 아버지 모두를 향해 퍼붓는 저주로 가슴에 와 닿는다. 마지막 행에 오면, 매춘이 공공연히 행

---

42) 어린이를 굴뚝청소부로 고용하는 일은 이 시보다 훨씬 뒤에 씌어진 디킨즈의 소설 『올리버 트위스트』(*Oliver Twist*: 1837)에 잘 나타나 있다. 그런 비인도적인 처사는 이 시가 지어진 때로부터 약 백 년이 지난 1875년에 와서야 법으로 금지된다.

해지는 사회에서 그것은 결혼제도에도 심각한 악영향을 미치고 있음을 알 수 있다. 결혼은 한 쌍의 남녀가 사랑을 통해 희망찬 미래를 기약하는 제도이지만, 인간이 상품처럼 매매되는 경험적 세계에서 그것은 매춘행위나 다를 바 없다. 혼례를 치르기 위해 타고 가는 신랑신부의 꽃마차가 어느덧 죽음의 꽃상여로 바뀌는 것은 바로 그 때문이다. 이 시점에서 "역병"을 의미하는 "plagues"는 "blasts"와 호응하여 "하느님의 저주"를 연상케 하며, 그 결과 마지막 연 전체가 엄청난 충격파를 일으키며 우리를 압도하는 것이다.

4 한층 더 견실한 순수를 향하여

"순수의 노래"에 재현된 인간다운 삶이 경험적 세계에서 왜곡될 수밖에 없다면 블레이크에게 구원의 가능성은 기대할 수 없는 것일까? 「성 목요일」에 재현된 화자의 순수한 마음은 어린시절에만 가능하고 그래서 성인이 된 뒤에는 단지 향수의 대상으로만 남는 것일까? 이러한 질문에 대해 블레이크는 상상력이라는 인간의 창조적 정신 작용을 대안으로 제시하였다. 다른 '주요 낭만시인들'(the High Romantics)과 마찬가지로 블레이크도 인간의 상상력을 하느님의 창조력과도 같은 창조적 정신 작용으로 보았다. 불합리한 제도와 관행, 위선과 이기심 같은 비인간적 속성들은 모두가 이성의 산물들이며, 사회의 불합리를 "이성적으로" 비판하면서 점진적으로 개선하려는 18세기 작가·지식인들의 노력은 오히려 사태를 더 악화시킬 뿐이라고 그는 생각했다. 18세기 말로 접어들면서 산업화에 가속이 붙고 그 결과 산업화의 부작용이 심각한 양상을 띠고 전개되기 시작하자 과학문명의 원동력으로 작용했던 이성은 더 이상 신뢰할 수 없는 것일 뿐만 아니라 오히려 인간성을 왜곡시키는 주범으로 간주되었던 것이다.

이제 점점 삭막해져 가는 세계에서 기존의 정치·사회·종교 제도에 의

지할 수 없게 된 인간에게는 인간 본연의 따뜻한 마음 이외에 다른 대안이란 있을 수 없었다. 블레이크에게 상상력이란 인간에게 태생적으로 주어진 순수하고 따뜻한 마음이다. 경험의 세계에 사는 인간은 상상력을 통해 마음의 문을 열고 타인에게로 향할 수 있다. 어린시절의 순수성은 기존의 사회제도와 비뚤어진 인간들로 인해 조만간 그 순수성을 잃게 되지만, 그렇다고 그런 현상이 반드시 부정적인 것만은 아니다. "상반되는 것들이 존재하지 않는 한 발전이란 있을 수 없다. 끌어당김과 밀어냄, 이성과 에너지, 사랑과 증오는 인간존재의 필연"이라고 블레이크는 선언한다.[43] 경험의 세계를 사는 인간이 상상력을 발휘하여 본연의 순수를 회복할 때 인간은 "조직화된 순수"(organized innocence), 한층 더 견실한 순수에 바탕을 둔 "새로운 예루살렘"(the new Jerusalem)을 건설할 수 있다는 것이다.

『순수의 노래와 경험의 노래』에서 블레이크는 이 같은 생각을 독자들이 이해하기 쉽도록 단순하면서도 지극히 서정적인 어조로 노래한다. 그러나 같은 시기에 쓴 『천국과 지옥의 결혼』(The Marriage of Heaven and Hell: 1890-93)이나[44] 또는 이보다 훨씬 뒤에 쓴 '대 예언시'(major Prophecy)들 — 『네 개의 조아』(The Four Zoas),[45] 『밀턴』(Milton), 『예

43) "Without Contraries is no progression. Attraction and Repulsion, Reason and Energy, Love and Hate, are necessary to Human existence." *The Marriage of Heaven and Hell*, Plate III. D. Perkins, 69.

44) 블레이크가 프랑스혁명의 열렬한 지지자였던 1890년대 초기에 지은 '소 예언시'(minor Prophecy)로는 이 시 외에도 『프랑스혁명』(The French Revolution), 『예언시, 아메리카』(America: A Prophecy), 『예언시, 유럽』(Europe: A Prophecy) 등이 있다.

45) '조아'란 원래 「묵시록」 4장과 5장에 나오는 네 마리 짐승으로, 그들은 '양'(Lamb)의 옥좌 주변에서 그리스도를 찬양하는 노래를 부른다(*Rev*. vi & v). 블레이크는 그들을 "인간의 네 가지 본질적 속성"((four fundamental aspects of Man)으로 재현하는데, 육체(Body: Tharmas — west), 이성(Reason: Urizen — south), 감정(Emotion: Luvah — east), 상상력(Imagination: Urthona — north)이 바로 그것이다. 좀 더 자세한 설명으로는 S. Foster Damon, *A*

루살렘』(Jerusalem) — 에 오면 블레이크는 난해하고 복잡한 상징체계를 구축해 나가며, 그 체계에 기대어 인간과 세계의 실상을 예언적 어조로 담담하게 펼쳐 보인다.

Blake Dictionary : *The Ideas and Symbols of William Blake* with a New Index by Morris Eaves (Boulder, Colorado: Shambhala, 1979), 458–460을 참조하기 바람.

Supplementary Reading

from *Songs of Innocence*

Infant Joy

"I have no name,
I am but two days old."
What shall I call thee?
"I happy am,
Joy is my name."
Sweet joy befall thee!

Pretty joy!
Sweet joy but two days old,
Sweet joy I call thee;
Thou dost smile,
I sing the while —
Sweet joy befall thee.

Nurse's Song

When the voices of children are heard on the green
And laughing is heard on the hill,
My heart is at rest within my breast
And everything else is stell.

"Then come home, my children, the Sun is gone down

And the dews of night arise;
Come, come, leave off play, and let us away
Till the morning appears in the skies."

"No, no, let us play, for it is yet day
And we cannot go to sleep;
Besides, in the sky the little birds fly
And the hills are all covered with sheep."

"Well, well, go and play till the light fades away
And then go home to bed."
The little ones leaped and shouted and laughed
And all the hills echoed.

The Lamb

Little Lamb, who made thee?
Dost thou know who made thee?
Gave thee life, and bid thee feed
By the stream and o'er the mead;
Gave thee clothing of delight,
Softest clothing, holy, bright;
Gave thee such a tender voice,
Making all the vales rejoice?
Little Lamb, who made thee?
Dost thou know who made thee?

Little Lamb, I'll tell thee,
Little Lamb, I'll tell thee;
He is called by thy name,
For he calls himself a Lamb.
He is meek, and he is mild;

He became a little child.
I a child, and thou a Lamb,
Little Lamb, God bless thee!
Little Lamb, God bless thee!

The Little Black Boy

My mother bore me in the southern wild,
And I am black, but O! my soul is white;
White as an angel is the English child:
But I am black as if bereav'd of light.

My mother taught me underneath a tree
And sitting down before the heat of day,
She took me on her lap and kissed me,
And pointing to the east began to say.

Look on the rising sun: there God does live
And gives his light, and gives his heat away.
And flowers and trees and beasts and men receive
Comfort in morning joy in the noon day.

And we are put on earth a little space,
That we may learn to bear the beams of love,
And these black bodies and this sun-burnt face
Is but a cloud, and like a shady grove.

For when our souls have learn'd the heat to bear
The cloud will vanish we shall hear his voice.
Saying: come out from the grove my love & care,
And round my golden tent like lambs rejoice.

Thus did my mother say and kissed me,

And thus I say to little English boy;
When I from black and he from white cloud free,
And round the tent of God like lambs we joy:

I'll shade him from the heat till he can bear,
To lean in joy upon our fathers knee.
And then I'll stand and stroke his silver hair,
And be like him and he will then love me.

from *Songs of Experience*

Infant Sorrow

My mother groaned! my father wept.
Into the dangerous world I leap,
Helpless, naked, piping loud;
Like a fiend hid in a cloud.

Struggling in my father's hands,
Striving against my swaddling bands;
Bound and weary I thought best
To sulk upon my mother's breast.

Nurse's Song

When the voices of children are heard on the green
And whispering are in the dale,
The days of my youth rise fresh in my mind,
My face turns green and pale.

Then come home, my children, the sun is gone down,
And the dews of night arise;

Your spring and your day are wasted in play,
And your winter and night in disguise.

The Tyger

Tyger! Tyger! burning blight
In the forests of the night,
What immortal hand or eye
Could frame thy fearful symmetry?

In what distant deeps or skies
Burnt the fire of thine eyes?
On what wings dare he aspire?
What the hand dare seize the fire?

And what shoulder, & what art,
Could twist the sinews of thy heart?
And when thy heart began to beat,
What dread hand? & what dread feet?

What the hammer? what the chain?
In what furnace was thy brain?
What the anvil? what dread grasp
Dare its deadly terror clasp?

When the stars threw down their spears
And water'd heaven with their tears,
Did he smile his work to see?
Did he who made the Lamb make thee?

Tyger! Tyger! burning bright
In the forests of the night,
What immortal hand or eye
Dare frame thy fearful symmetry?

The Sick Rose

O Rose, thou art sick.
The invisible worm
That flies in the night
In the howling storm

Has found out thy bed
Of crimson joy,
And his dark secret love
Does thy life destroy.

The Garden of Love

I went to the Garden of Love,
And saw what I never had seen:
A Chapel was built in the midst,
Where I used to play on the green.

And the gates of this Chapel were shut,
And "Thou shalt not" writ over the door;
So I turned to the Garden of Love,
That so many sweet flowers bore,

And I saw it was filled with graves,
And tombstones where flowers should be;
And priests in black gowns were walking their rounds,
And binding with briars my joys and desires.

A Poison Tree

I was angry with my friend:

I told my wrath, my wrath did end.
I was angry with my foe:
I told it not, my wrath did grow.

And I watered it in fears,
Night and morning with my tears;
And I sunned it with smiles,
And with soft deceitful wiles.

And it grew both day and night,
Till it bore an apple bright.
And my foe beheld it shine,
And he knew that it was mine,

And into my garden stole,
When the night had veiled the pole;
In the morning glad I see
My foe outstretched beneath the tree

The Cold & the Pebble

"Love seeketh not Itself to please,
Nor for itself hath any care;
But for another gives its ease,
And builds a Heaven in Hell's despair."

> So sang a little Clod of Clay,
> Trodden with the cattle's feet;
> But a Pebble of the brook,
> Warbled out these metres meet:

"Love seeketh only Self to please,
To bind another to its delight;
Joys in another's loss of ease,
And builds a Hell in Heaven's despite."

Tintern Abbey by William Gilpin

in *Observation on the River Wye* (1782)

". . . Therefore am I still
A lover of the meadows and the woods,
And mountains; and of all that we behold
From this green earth."
— *Lines written a few miles above Tintern Abbey*, ll. 103-106.

4. 상상력의 작은 역사: 워즈워스의 「틴턴 수도원」

1 범신론적 자연주의

톰슨(Edward Thompson), 그레이(Thomas Gray), 콜린스(William Collins) 등 '전기 낭만시인들'(Pre-Romantics)이 신고전주의 문학전통에서 벗어나려 안간힘을 썼음에도 그들은 시대의 전반적 경향과 분위기, 그리고 문학관습으로부터 완전히 자유로울 수는 없었다. '전기 낭만시인들'의 성과를 수용하는 한편 그들의 한계를 딛고 시의 새로운 영역을 개척하는 일은 다음 세대의 두 시인 워즈워스(William Wordsworth: 1770-1850)와 콜리지(Samuel Taylor Coleridge: 1772-1834)의 몫으로 남게 된다. 워즈워스와 콜리지는 『서정민요시집』(Lyrical Ballads: 1798)을 통해 가히 혁명적이라 할 수 있는 새로움을 영국시에 선사하는데, 특히 워즈워스는 「사이먼 리」(Simon Lee), 「우리는 일곱이어요」(We Are Seven), 「이른 봄에 쓴 시」(Lines Written in Spring), 「훈계와 응답」(Expostulation and Reply) 등 단순·소박한 서정시들을 통해 18세기 문학적 취향과는 판이한 경향을 선보인다. 더욱이 그는 1800년에 펴낸 증보판에 "서문"(Preface)을 붙여 자신의 입장을 자세하게 피력한다. 이 "서문"에서 그는 현금의 영국시가 현실과 크게 괴리되어 있음을 비판하면서 새로운 시가 지향해야 할 방향을 제시하는데, 아래 인용하는 1절만 보아도 그 중요성은 금방 납득이 될 것이다.

> The principal object, then, which I proposed to myself in these poems was to choose incidents and situations from common life,

and to relate or describe them, throughout, as far as was possible, in a selection of language really used by men, and, at the same time, to throw over them a certain coloring of imagination, whereby ordinary things should be presented to the mind in an unusual way; and, further, and above all, to make these incidents and situations interesting by tracing in them, truly, though not ostentatiously, the primary laws of our nature: chiefly, as far as regards the manner in which we associate ideas in a state of excitement.[46]

그러므로, 이 시들에서 내가 스스로에게 제안한 가장 중요한 목표는 평범한 사람들의 삶에서 사건과 정황들을 선택하여, 가능한 한 처음부터 끝까지, 사람들이 실제 사용하는 언어로 그것들을 이야기하거나 묘사하는 것이었다. 동시에 그 사건과 정황들에 어느 정도 상상력의 색깔을 덧칠하여 일상적인 것들이 우리 마음에 특이하게 느껴지도록 제시하려 하였다. 더욱이, 무엇보다 중요한 것은, 그 같은 사건과 정황들로부터 인간성의 주요 법칙들을 과장 없이 성실하게 추적함으로써, 주로 우리가 흥분 상태에서 관념에서 관념으로 연상을 펼치는 방식과 관련하여, 그것들에 흥미를 부여하려 하였다.

이 글에서 워즈워스는 신고전주의 문학전통과의 결별을 분명히 한다. 그가 지금까지 써 왔고 앞으로도 쓰게 될 새로운 시와 관련하여 자신의 입장을 정리하는 이 대목을 우리는 (1) 언어 선택의 문제, (2) 제재(題材) 선택의 문제, (3) 인간과 사물의 실체를 통찰하는 인간의 인식 과정, (4) 인간과 자연 또는 인간과 세계의 관계, 이처럼 네 항목으로 정리해 볼 수 있을 것이다. 물론 이 네 항목들은 별개의 것이 아니라 서로 분리될

46) Walter Jackson Bate, *Criticism*: *The Major Texts* (New York: Harcourt Brace Jovanovich, Inc., 1970), 336. 여기에 인용한 것은 워즈워스가 1802년에 수정 보완한 「서문」임.

수 없으리만치 긴밀하게 연계된 문제들임은 말할 나위도 없다.

시의 제재를 "평범한 사람들의 삶"에서 선택해야 한다고 주장하는 것은 "평범한 시골사람들이야말로 언제나 아름다운 자연물과 교감하는 삶을 살아가며, 가장 훌륭한 언어는 거기에서 비롯된다"고 보기 때문이다. 시골사람들은 또한 좁은 생활터전에서 생사고락을 함께하며 공동체적 삶을 영위하기에 소박한 생각과 단순한 감정들을 단순·소박하게 표현하기 마련이라는 것이다. 『서정민요시집』에 수록된 시들 가운데서도 특히 앞에 열거한 시들을 보면 워즈워스가 사용하는 제재와 언어가 얼마나 단순·소박한 것인지 금방 알아차릴 수 있다. 시골사람들의 언어는 유행이나 "사회적 가식"(social vanity)에 물들지 않은, 살아 있는 언어이기에 생명을 추구하는 시인의 입장에서 보면 시의 언어로 가장 적합한 언어인 것이다. "서문" 전편에 걸쳐 워즈워스는 그 당시까지만 해도 집요하게 영국시 문단을 지배해 온 신고전주의 시인들의 언어와 스타일에 불만을 토로하고 있다. 『서정민요시집』에 수록된 시들을 보면 신고전주의 시인들의 '어법'(poetic diction) 같은 것은 거의 찾아볼 수 없을 것이라면서, 그는 인습화된 어법을 피하기 위해 엄청난 노력을 쏟아 부었음을 자랑삼아 떠벌리기도 한다.

워즈워스가 시골사람들의 언어를 그토록 강조한 것은 신고전주의 시인들의 언어란 가사상태의 언어라고 보았기 때문이다. 이에 반하여 자연 속에 묻혀 지내는 시골사람들의 언어는 때 묻지 않은 언어이다. 말로 오가는 그들의 언어는 또한 "산문의 언어"로도 매우 적합하다고 워즈워스는 생각했다. "시는 '천사가 눈물 흘리듯' 그렇게 눈물 흘리지 않고 다만 인간의 눈물을 흘릴 뿐이다. 시의 짜릿한 음료는 산문의 음료와는 구별되는 천국의 음료라며 뽐내서는 안 된다. 시와 산문의 혈관 속에는 똑같이 인간의 피가 흐르기 때문이다." 이 같은 맥락에서 볼 때 우리는 낭만시인 워즈워스를 언어적 현실주의자라 불러도 좋을 것이다.[47]

워즈워스의 두 번째 명제("평범한 사람들의 삶에서 사건과 정황들을 선택하여")에는 세 번째 명제("인간 본성의 주요 법칙들을 과장됨이 없이 성실하게 추적한다")가 단서로 따라붙고, 더구나 거기에는 인식론적 입장("흥분상태에서 관념들이 연계되는 방식")이 해결되어야 할 선결 과제로 제시되고 있다. "관념들이 연계되는 방식"이란 홉스(Thomas Hobbes)나 로크(John Locke) 같은 경험주의 철학자들의 연상인식론(associationism)을 염두에 둔 말이다. 단순화의 위험을 무릅쓰고 말하자면, 이 두 철학자에게 인간의 '의식'(consciousness)이란 물리적 감각작용에서 비롯되고 발전하는 것이었다. 하틀리(David Hartley)는 로크의 사상을 계승하여 "연상이론"(theory of association)을 발전시켰는데, 그의 이론은 인간의 인식과정과 심리과정에 대한 워즈워스의 사색에 깊은 영향을 준 것으로 알려져 있다. 인간의 사유는 물리적 감각작용에서 비롯된다는 생각을 워즈워스는 하틀리로부터 배웠고, 그런 생각은 시 창작 과정을 통해 끊임없이 확인되면서 신념으로 굳어지게 된다.[48]

연상인식론자들은 태어나는 순간 인간의 '마음'(mind)은 "아무것도 새겨져 있지 않은 석판"(tabula rasa)과도 같다고 주장한다. 그런데 인간의 감각기관이 외부자극에 의해 충격을 받게 되면 마음의 석판에는 '인상'(impression)이란 것이 각인(刻印)되고 그 과정에서 '감정'(emotion)이 유발된다. 이렇게 각인된 여러 인상들은 '기억'(memory)의 형태로 마음속에 저장되는데, 기억으로 저장된 여러 인상들은 복잡한 조합 과정을 거쳐 '단순관념'(simple ideas)으로 구성된다. 또한 마음속에 구성된 기존의

---

47) "Poetry sheds no tears 'such as Angels weep,' but natural and human tears; she can boast of no celestial liqour that distinguishes her vital juices from those of prose; the same human blood circulates through the veins of them both." Walter Jackson Bate, 339. 워즈워스보다 백여 년 전에 드라이든은 시의 구어적 특성을 회복하려 했고, 또 현대시의 혁명은 19세기 시적 관용어에서 탈피하여 구어와 산문의 특성을 회복하려는 노력에서 비롯된다는 사실에 주목할 필요가 있다.

48) Leonard Ungar & William van O'Connor, *Poems for Study*, 353-356.

‘단순관념’들은 외부자극에 의해 새로운 인상들이 유입 각인될 때 새로운 감정을 유발하는 동시에 ‘복합관념’(complex ideas)으로 발전한다는 것이다. 이를테면, 춥다는 느낌이 여러 번 반복될 때 그러한 느낌은 기억 속에 저장되어 있다가 연상작용에 의해 ‘추위’라는 단순관념으로 구성되고, 비슷한 과정을 거쳐 ‘고통’이나 ‘즐거움’ 같은 단순관념이 구성된다. 단순관념과 단순한 감정들이 저장된 마음의 용광로 속으로 또 다른 자극들이 유입되면 복잡한 연상작용을 거쳐 ‘진실과 허위’, ‘선과 악’, ‘미와 추’, ‘사랑과 증오’ 같은 ‘복합관념’들로 발전하는 것이다. “끊임없이 유입되는 우리의 감정[자극]들은 지금까지 누적되어 온 모든 감정의 대변자라 할 수 있는 생각들에 의해 수정되고 지도된다”는 워즈워스의 선언에서 우리는 연상인식론의 정수를 확인하게 된다.[49]

하틀리의 연상이론이 워즈워스의 마음을 사로잡았던 이유는 그 이론이 인간의 인식과정을 잘 설명해주고 있을 뿐만 아니라 자연에 대한 그의 입장과 태도와도 잘 어울렸기 때문이다. 그레이, 콜린스, 톰슨 등 ‘전기 낭만 시인들’도 자연이 시의 적절한 제재 내지는 대상이 될 수 있다고 생각했지만, 워즈워스에게 그것은 가장 중요한 시적 대상이었다. 르네상스 시대 이후 과학적 사유가 발전하는 과정에서 내세(來世) 못지않게 현세(現世)의 중요성이 부각되며, 그 결과 이제 자연은 기본적인 현실로 받아들여진다. 블레이크와는 달리 워즈워스는 물리적 현실을 있는 그대로 받아들였고, 연상인식론의 지도를 받아가며 자신이 경험하는 자연을 나름대로 해석하고 또 그 경험들을 시적 체험으로 다져 나간다.

요컨대 ‘철학적 물질주의’(philosophical materialism)라 부르는 이 관념체계에 의하면, 인간의 정신적·정서적 체험은 “물리적 감흥”(physical sensations)에서 비롯되고 또 그 같은 감흥은 외부 대상으로부터 유입되는

49) “[...] our continued influxes of feeling are modified and directed by our thoughts, which are indeed the represent-atives of all our past feelings.” Walter Jackson Bate, 337.

인상에 근거를 둔다. 그렇다면 한 인간이 어린 시절 혹은 원숙기에 경험한 것들은 궁극적으로 자연과 관련되지 않을 수 없다. 더욱이 워즈워스에게 자연은 차갑게 얼어붙은, 생명력이라고는 존재하지 않는 단순한 물체가 아니라 "살아 숨쉬는 유기체"(a living organism)이다. 모든 자연물의 내부에는 그것을 충동질하는 모종의 혼(魂) 또는 신성(神性)이 깃들여 있다고 보았기에, 자연과의 교감은 시인으로 하여금 종교적 교감과도 같은 영적 체험, 영적 황홀을 맛보게 한다. 그러므로 워즈워스에게 시인은 자연이란 사원(寺院: temple) 속에 신성(神性: divinity)을 모시고 신성을 숭배하는 "자연숭배자"(the worshipper of Nature)이자 "자연의 사제"(司祭: the priest of Nature)인 것이다.

워즈워스의 '범신론적 자연주의'(pantheistic naturalism)는 다양한 자연의 모습들 중에서 특히 아름다운 양상들을 강조하며, 본질적으로 자연은 인간의 심성에 긍정적인 작용을 하기 마련이라고 본다. 그는 다양한 자연물들 앞에서 인간이 수용적인 자세를 취해야 한다는 입장에 서 있었으나 그렇다고 인간과 자연의 관계에서 인간의 의식이 수동적이라고 보지는 않았다. 자연에는 신성이 깃들여 있지만 자연에 영적 의미를 부여하는 것은 어디까지나 영혼을 지닌 인간이기에 인간과 자연의 관계는 상호보완적 관계이다. 자연은 인간에게 감흥을 유발하는 한편 혼과 에너지를 투사하며, 자연의 에너지로 충만해진 인간은 자연의 영성(靈性)을 감지하며 전율한다. 인간과 자연의 교감 순간을 노래하는 『서곡』(The Prelude)의 다음 1절은 이런 맥락에서 보았을 때 가장 잘 이해될 수 있을 것이다.

[...] an ennobling interchange
Of action from without and from within;
The excellence, pure function, and best power
Both of the objects seen, and eye that sees.
(*The Prelude*, XIII, ll. 367-397)

> [...] 외부활동과 내부활동을 함께 끌어올려
> 서로를 고귀한 것으로 변화시키는 상호작용.
> 눈에 보이는 사물과 사물을 보는 눈 모두의
> 탁월한 능력, 순수한 기능, 최상의 힘.

"서문"은 워즈워스가 몇 년 동안 써 왔고 앞으로도 쓰려는 새로운 시를 독자들에게 이해시키기 위한 일종의 지침서 같은 것이다. 그는 블레이크와는 달리 세계의 운행에 관한 과학적 설명을 받아들였고, 심지어는 가장 생소해 보이는 과학적 발견들조차도 언젠가는 시의 제재가 될 수 있을 것으로 보았다. 18세기 작가·지식인들에게 자연은 보편법칙에 따라 운행되는 광대한 기계적 메커니즘이었다면, 워즈워스에게 그것은 다양한 형상들이 끊임없이 상호작용을 일삼는 물리적 유기체이다. 신고전주의 시인들이 논리와 지성과 합리성을 내세워 사회적 가치와 사회제도의 측면에서 인간을 바라보았던 데 반하여, 워즈워스에게는 개인의 생각과 감정과 심리상태가 더욱더 중요했다. 그러기에 그는 외로운 인간의 내면으로 깊이 파고들어가 그 속에 매장되어 있는 엄청난 양의 광맥을 탐사·발굴함으로써 현대문학이 나아갈 방향을 설득력 있게 제시할 수 있었다.

2 교감의 순간들

「서문」을 통해 워즈워스의 세계관과 문학관의 윤곽을 그려보았으므로, 이제는 『서정민요시집』에 수록되어 있고 또 워즈워스의 대표적 서정시들 가운데 하나로 꼽히는 「틴턴 수도원」(Tintern Abbey)에 초점을 맞추도록 하자. 이 시는 『서곡』과 미완의 단편시 『은둔자』(The Recluse) 그리고 『회유』(The Excursion) 등 나중에 워즈워스가 쓰고자 했던 "자서전적·철학적 서사시"의 축소판이라 할 수 있다. 분량이 그리 길지도 짧지도 않은 이 시에는 "상상력의 본질" 그리고 "상상력과 자연의 관계"라는 포괄적 주제와 함께 시인이 경험하는 상상력의 우여곡절이 “작은 역사”(a history, in little, of the poet’s imagination)마냥 빼곡히 담겨 있다.[50] 몇 년 전에 찾아왔던 와이강(River Wye) 계곡을 다시 찾은 시인은 원시적 자연의 장대한 광경 앞에서 자신을 되돌아보며 자연의 소중함을 새삼 확인한다. 그가 자연을 앞에 두고 노래하는 것은 인간과 자연 사이에 존재하는 “상보성의 원리”(principle of reciprocity)인데 그 같은 관계가 인식되는 과정이 담담하게 서술된다.

시인이 자연을 사랑하는 것은 어떤 목적이 있어서가 아니라 단지 자연 그 자체가 그에게는 더없이 소중한 존재로 느껴지기 때문이다. 그러기에 자연과 대면할 때마다 온갖 자연물들은 기쁨과 아름다움, 그리고 충만감을 시인에게 선사한다. 어느 쪽도 보상을 전제하지 않는 이 교감의 순간은 키츠가 「영혼송」(Ode to Psyche)에서 “드넓은 고요”(wide quietness)라 표현했던 상태로 시인을 인도하고, 그래서 고요가 깃든 자연과 시인의 마음 사이에는 동질감이 형성된다.

                    [...] Once again
Do I behold these steep and lofty cliffs,
That on a wild secluded scene impress
Thoughts of more deep seclusion; and connect
The landscape with the quiet of the sky.

                    [...] 또 다시
이 깎아지른 절벽들 바라보나니,
그것은 격리된 원시적 광경에다
더욱더 깊은 격리감 심어주고
경치를 하늘의 고요와 연결시키네.

---

50) Harold Bloom, *The Visionary Company : A Reading of English Romantic Poetry* (Ithaca: Cornell UP, 1971), 131-140.

산업화 시대에는 시인도 삶의 대부분을 도시에서 살 수밖에 없었을 것이다. 하지만 자연과 떨어져 불안하고 힘든 도시인의 삶을 살아갈 때 기억속에 저장된 교감의 순간들은 시인으로 하여금 "달콤한 감흥"(sensations sweet)에 젖어들게 한다. 자연은 시인의 외롭고 지친 마음을 어루만져 주는 한편 이웃사람들에게 온정을 베풀 수 있는 힘의 원천으로 작용하는 것이다. 자연과의 교감의 순간은 고요한 사색과 함께 달콤한 감흥을 선사하면서 시인의 몸과 마음을 지고의 상태로 한껏 끌어올린다.

> [...] that blessed mood,
> In which the burthen of the mystery,
> In which the heavy and the weary weight
> Of all this unintelligible world,
> Is lightened; — that serene and blessed mood,
> In which the affections gently lead us on, —
> Until, the breath of this corporeal frame
> And even the motion of our human blood
> Almost suspended, we are laid asleep
> In body, and become a living soul:
> While with an eye made quiet by the power
> Of harmony, and the deep power of joy,
> We see into the life of things.

> [...] 저 축복받은 기분,
> 그때 신비의 짐이, 불가해한 세계의
> 견디기 힘든 짐이, 가볍게 느껴지고 —
> 저 평온하고 복된 느낌,
> 그때 사랑은 부드럽게 우리를 인도하지 —
> 그러다 마침내, 육체의 숨결도
> 심지어는 피의 순환조차도
> 거의 멎어버린 채, 육체는 잠들고,

우리는 살아 숨쉬는 영혼이 된다.
그 순간 우리는, 조화의 힘에 의해,
환희의 깊은 힘에 의해, 차분해진 눈으로
사물의 본질을 투시한다.

“복된 느낌”에 감싸여 몸도 영혼도 숨 죽인 채 사물의 본질에 다가가는 상태는 가히 열반(涅槃)의 경지라 할 만하다. 그러나 워즈워스에게 그 같은 경지는 어디까지나 심미적 사색의 과정에서 선물로 주어진다. 박탈감에 시달리는 시인에게 교감의 순간은 프루스트(Marcel Proust)의 경우처럼 심미적 형상화의 방향으로 시인의 마음을 끌어올리며 회상되는 것이다. 심미적 사색을 제외한다면 사물에 대한 인간의 사색은 대부분 현실적 개인적 목적으로 향할 수밖에 없다. 그래서 시인의 마음은 의지의 명령에서 벗어나 과거의 소중한 기억들을 더듬는다. “서문”에서 워즈워스는 시란 “강력한 감정의 거침없는 범람”(spontaneous overflow of powerful feelings)이라고 선언하면서도, 강력한 감정은 “정적 속에서 회상될 때”(recollected in tranquility), 즉 심미적 여과라는 새김질 과정을 거칠 때 비로소 미적 재현물로 승화될 수 있음을 분명히 한다.[51)]

그런데 교감의 순간을 예찬하는 대목 바로 다음에 불안과 의혹을 드러내 보이는 대목이 이어지는 것은 어인 일인가?

And now, with gleams of half-extinguished thought,
With many recognitions dim and faint,
And somewhat of a sad perplexity,
The picture of the mind revives again.

반쯤 꺼져버린 사색의 미명(微明)과

51) 인용된 구절의 맥락을 확인하려면 Bate의 *Criticism: The Major Texts* 337쪽을 보기 바람.

가물거리는 수많은 추억과
슬픈 당혹감에 젖어 있는 지금,
마음속 그림이 다시 되살아나네.

"반쯤 꺼져버린 사색의 미명"(gleams of half-extinguished thoughts)과 "가물거리는 수많은 추억들"(many recognitions dim and faint)은 교감의 순간에 대한 기억이 거의 잊혀져가는 것으로, "슬픈 당혹감"은 미래의 불확실성과 거기에서 비롯된 시인의 불안감을 보여주는 것으로 읽을 수 있을 것이다. 그렇다면 시인이 지금 대면한 자연도 세월이 지나고 나면 잊혀지게 마련이며 그러기에 그것은 지속적인 생명의 양식이 될 수 없을지도 모른다. 시인은 애써 낙관적으로 생각을 펼쳐보지만 그는 이미 두 번이나 변화를 겪었고 이제 세 번째 변화의 문턱에 서 있다. 시인에게는 "즐거운 동물적인 몸놀림"(glad animal movements)으로 산과 계곡을 누비며 자연의 에너지를 한껏 빨아먹던 어린시절(유치원과정)과, 자연과의 접촉의 결과 '단순관념'들이 형성되던 소년시절(초등학교시절)이 있었다. 어린시절과 소년시절 자연에 동화되어 자연의 에너지(젖)를 마음껏 빨아먹으며 현기증이 날 정도로 황홀(dizzy raptures)을 맛보았음을 시인은 이렇게 서술한다.

[...] when like a roe
I bounded o'er the mountains, by the sides
Of the deep rivers, and the lonely streams,
Wherever nature led — more like a man
Flying from something that he dreads than one
Who sought the thing he loved. For nature then
(The coarser pleasures of my boyish days,
And their glad animal movements all gone by)
To me was all in all. — I cannot paint
What then I was. The sounding cataract

Haunted me like a passion; the tall rock,
The mountain, and the deep and gloomy wood,
Their colors and their forms, were then to me
An appetite; a feeling and a love,
That had no need of a remoter charm,
By thought supplied, nor any interest
Unborrowed from the eye. — That time is past,
And all its aching joys are now no more,
And all its dizzy raptures.

[...] 그때 난
노루처럼 뛰어다녔지, 자연이 이끄는 대로
산과 계곡을, 깊은 강과 외로운 시냇가를 —
사랑 찾아 헤매는 사람이기보다는 오히려
두려움의 대상에 쫓겨 달아나는 사람마냥.
그때 자연은 (어린시절의 더욱더 거친 기쁨과
동물과도 같은 즐거운 몸놀림들 모두 사라졌어도)
내게 전부였지. — 그때의 내 모습 그려볼 길 없네.
벼락치는 폭포는 열병처럼 날 따라다니고,
산과 거대한 바위, 깊고 어두운 숲,
그것들의 색깔과 모습 그 모두가
내겐 식욕과도 같은 것이었지.
사색이 마련해 주는 생소한 매력도
눈의 힘을 빌리지 않는 어떤 흥미도
필요치 않는 어떤 느낌,
그것은 오히려 사랑과도 같은 것이었지. —
그 시절 다 사라져 버리고,
고통스런 환희도 더 이상 찾을 길 없네,
현기증 나는 그 모든 황홀도.

“고통스런 환희”(all its aching joys)와 “현기증 나는 그 모든 황홀”(all its dizzy raptures)을 맛보던 시기는 사라졌으나 성인이 된 시인에게는 상실에 대한 보상이 뒤따랐다. 이제 성인이 된 시인은 자연에서 “고요한, 슬픈 음악”(still, sad music) 소리를 듣는다. 이 음악은 시인이 소년시절 자연 속에서 듣던 순수 자연의 음악과는 다소 성격이 다른 “인간화된 음악”(music of humanity)이다. 그렇다면 이제 시인은 자연을 인간의 입장에서 바라보는 “자연의 인간화”(humanization of nature) 단계로 접어들었다고 할 수 있다. “sad”라는 단어에 “구슬픈” 이외에 “진지한”, “심각한”이란 뜻도 있다는 점을 감안한다면, “still, sad music of humanity”는 “고통 받는 인간의 영혼을 어루만져 주는 음악”으로 이해해도 좋을 것이다. 성인이 된 지금 자연을 찾은 시인은 자연이 연주하는 ‘전원 교향악’(The Pastoral Symphony)에 전율하면서 “숭엄한 느낌”(sense sublime) 속으로 깊이 빨려든다.

                    [...] a sense sublime
Of something far more deeply interfused,
Whose dwelling is the light of setting suns,
And the round ocean and the living air,
And the blue sky, and in the mind of man:
A motion and a spirit, that impels
All thinking things, all objects of all thought
And rolls through all things.

        [...] 한층 더 깊이 침투된
그 무엇이 존재한다는 숭엄한 느낌,
그것의 처소(處所)는 지는 해의 빛 속에,
둥근 대양과 살아 숨쉬는 대기 속에,
푸른 하늘과 인간의 마음속에 존재한다.
그것은 하나의 운동이자 하나의 영혼,

생각하는 모든 사물과
사색의 모든 대상들을 충동질하며,
모든 사물들 속을 굴러다닌다.

위 시절이 보여주는 성찬적 비전은 1806년 여름에 쓴 「필 성의 그림과 관련된 애상시」(Elegiac Stanzas Suggested by a Picture of Peele Castle)에서 워즈워스가 "바다에도 육지에도 존재한 적이라곤 없었던 빛"(the light that never was, on sea or land)으로, 즉 단순한 꿈 또는 백일몽에 불과한 것으로 단정지으며 파기할 때까지는 그의 시의 기본 음조가 된다. 위에 인용한 시절이 보여주듯이, 시인은 자연의 광휘를 믿는 동안에는 자아와 자연의 원초적 통합을 감지할 수 있을 것이다. 성인이 된 뒤에는 자연과 교감하던 소년시절의 "고통스런 환희"와 "현기증 나는 그 모든 황홀"이 모두 다 사라져버렸다. 하지만 그가 여전히 자연을 사랑할 수 있는 것은 자연이 투사하는 새로운 자극들을 축적된 기억에 비추어 재해석하는 창조적 사색 능력을 갖추게 되었기 때문이다. 맹목적으로 자연에 몰입하여 자연과 하나 되던 어린시절과는 달리, 성인의 단계로 접어든 시인은 한층 더 예리해진 눈과 귀를 통하여 자연이 투사하는 다양한 에너지들을 보다 능동적으로 그리고 보다 선택적으로 받아들인다. 성숙된 자연사랑은 시인으로 하여금 한층 더 성숙된 인간사랑으로 나아가게 하는데, 그때 그는 자연으로부터 받은 에너지를 이웃에게 투사함으로써 사랑의 환원을 실천할 수 있게 된다.

그러면 여기에서 잠시 워즈워스가 알프스산의 '심플론 재'(Simplon Pass)를 넘을 때 경험했던 감동적인 장면을 보자. 이 『서곡』의 1절은 그때의 경험이 기억의 여과과정을 거쳐 회상된 것임은 말할 나위도 없다.

The immeasurable height
Of woods decaying, never to be decayed,

The stationary blasts of waterfalls,
And in the narrow rent, at every turn,
Winds thwarting winds, bewildered and forlorn,
The torrents shooting from the clear blue sky,
The rocks that muttered close upon our ears,
Black drizzling crags that spake by the wayside
As if a voice were in them, the sick sight
And giddy prospect of the raving stream,
The unfettered clouds and region of the Heavens,
Tumult and peace, the darkness and the light —
Were all like workings of one mind, the features
Of the same face, blossoms upon one tree;
Characters of the great Apocalypse,
The types and symbols of Eternity,
Of first, and last, and midst, and without end.[52]

측량할 길 없이 높이 솟아오른
썩어가는 결코 다 썩어버릴 수 없는 나무들
폭발음을 쏟아 붓는 정지된 폭포들
방향 틀 때마다 좁은 바위 틈새에서는
을씨년스럽게 맞받아치는 황량한 바람소리
맑고 푸른 하늘에서 쏟아져 내리는 급류
귓가에 바짝 다가와 웅얼거리는 바위들
길가에 서서 사람처럼 말 주고받으며
물방울 줄-줄 흘려대는 검은 암벽들
길길이 날뛰는 급류, 불꽃을 튀기며

---

52) 요한이 기록한「묵시록」1장 8절을 보면, 하느님은 자신을 "I am Alpha and Omega, the beginning and the ending."이라 선언한다.『잃어버린 낙원』5권에서 밀턴도 낙원의 모든 피조물들이 하느님을 향해 "him first, him last, him midst, and without end"라며 찬양하는 것으로 묘사하고 있다.

정신을 혼미케 하는 아찔한 광경
족쇄 풀린 구름과 겹겹이 쌓인 대기층
동요(動搖)와 평화, 암흑과 빛 —
그 모두가 동일한 마음의 서로 다른 작용들
같은 얼굴의 서로 다른 모습들
한 그루 나무에 피어난 꽃들마냥
처음도 끝도 중간도 종말도 없는
영원의 유형이자 상징들이다.

여기에서도 시인의 마음이 감각적 체험에 의해 최고조로 상승된 결과 시인의 마음도 물리적 자연도 녹아내리고 둘 모두가 묵시적 상태로 이행하고 있다. 시인의 영혼은 자연의 혼과 뒤섞여 함께 살아 숨쉬는 것이다. 알프스 전경 묘사는 대단히 구체적인 자연물들로 이루어져 있는데, 그 모두가 시인의 애정어린 눈과 귀를 통해 섬세하고도 정확하게 포착된다. 시란 "내면[인간의 마음]과 외부[자연]에 존재하는 두 실체가 서로를 끌어올려 고귀한 것으로 만드는 교감"(ennobling interchange of action from within and from without: *Prelude*, VIII, 375)의 순간을 기록하는 것이기에 워즈워스는 끊임없이 교감의 순간을 찾아 나선다.

워즈워스의 시적 창조력이 지탱되는 것은 이렇듯 자연에 대한 신뢰와 함께 기억의 축적 덕분이다. 그러나 세월이 흘러 감각이 무디어질 때에도 아름다운 자연물들에 대한 지금의 기억과 지금의 수용력은 변함이 없을 것인가? 1798년 7월에 쓴 이 시에서 이미 시인은 시적 창조력의 쇠퇴를 예감하면서 불안한 심경을 내비치고 있다. 마지막 시절에서 시인은 불안에서 벗어나기 위한 방편으로 누이동생 도로시(Dorothy)를 등장시켜 그녀를 통해 기억의 연속성을 확보하려고 시도한다. 도로시의 "야성적인 눈이 발산하는 빛에서"(in the shooting lights/ Of thy wild eyes) 이제 시인은 "현기증 나는 황홀"(dizzy raptures)을 맛보던 어린시절 자신의 모습을 보며, 도로시의 그런 모습이 영원토록 변함없이 지속되기를 기원한다.

Therefore let the moon
Shine on thee in thy solitary walk;
And let the misty mountain-winds be free
To blow against thee.

그러니 그대의 외로운 산책길에
달빛이 그대 머리에 쏟아져 내리고,
연무(煙霧)를 몰고 다니는 산바람이
거침없이 그대 얼굴 간질이게 하라.

에브럼즈(M. H. Abrams)의 탁월한 해석에서도 확인할 수 있듯이, 낭만시인들은 자연과의 교감이나 상상력의 비상을 보여주려 할 때면 거의 언제나 "미풍"의 이미지를 동원한다.[53] 누이동생 도로시가 언제나 자연과 교감하는 삶을 살아가기를 기원하는 이 시절에도 시인의 염원은 미풍의 이미지를 통해 재현되고 있다. 시인은 누이동생 도로시가 운무를 몰고 다니는 바람과도 같이 언제나 변함없이 자유로운 삶을 살아가기를 기원한다. 먼 훗날, 그녀 곁을 떠나 멀리 떨어져 있을지라도, 그녀가 지금 이 순간을 떠올린다면 자신의 영속성은 보장될 것이기 때문이다.

[...] and that I, so long
A worshipper of Nature, hither came
Unwearied in that service: rather say
With warmer love — oh! with far deeper zeal
Of holier love.

53) "The Correspondent Breeze: A Romantic Metaphor," in *English Romantic Poets : Modern Essays in Criticism*, ed. M. H. Abrams (London: Oxford UP, 1975), 37-56.

[...] 오랜 세월
자연의 숭배자였던 나 여기에 왔음을,
자연 섬김에 지겨워하는 일 없이,
아니 오히려 더 뜨거운 사랑을 품고 —
아! 보다 더 성스런 사랑의
더욱더 깊은 열정을 가슴에 품고.

그렇다면 "자연숭배자"이자 "자연의 사제" 역할을 수행해 온 시인은 도로시의 기억을 통해서만 구원받고 불멸에 이를 수 있는 것일까? 이 시를 쓰고 나서, 아니 이 시를 쓰는 과정에서 시적 창조력의 쇠퇴라는 치명적 상황에 직면한 워즈워스는 「결의와 독립」(Resolution and Independence)에 나오는 '거머리잡이'(Leech Gatherer) 노인처럼 인간사의 온갖 불행에도 흔들리지 않는, 우람한 바위와도 같은 인간으로 자신을 단련시킴으로써 이 문제를 해결하려는 의지를 보인다. 그러나 그 같은 해결책은 그를 존경받는 인간으로 탈바꿈시킬 수 있었을지는 모르나 사라져가는 시적 상상력을 복원시켜 줄 수는 없었다. 그렇다면 워즈워스의 시적 창조력이 이토록 빨리 쇠퇴해 버린 까닭은 어디에 있는 것일까? 이 문제에 대해서는 바실 윌리(Basil Willey)가 오래전에 지성사적 관점에서 탁견(卓見)을 내놓은 바 있으니 그의 논지를 따라가 보기로 하자.[54)]

3 심리적 진실의 한계

이른바 '철학적 물질주의'(philosophical materialism)라 부르는 기계론적 철학이 영국시 전반에 미친 영향은 18세기 전반기에 쓰인 포프

---

54) "On Wordsworth and the Locke Tradition," in *The Seventeenth Century Background* (London: Chatto & Windus, Ltd., 1950), 296-309.

(Alexander Pope)의 『인간론』(An Essay on Men)과 그 전 시대의 문학적 성취를 대변하는 밀턴(John Milton)의 『잃어버린 낙원』(Paradise Lost)을 비교해 보면 쉽게 납득할 수 있을 것이다. 포프의 시에는 밀턴을 비롯한 이전 시인들이 즐겨 사용하던 "신화적 장비"(mythological machinery)가 존재하지 않는다. 포프는 자기 시대의 신념들을 표현하기 위해 본능적으로 "해설적 방식"(exponential method)을 채택하는데, 기독교까지 포함하여 모든 신화는 과학적 사고에 젖은 사람들에게는 더 이상 설득력을 행사할 수 없다고 생각되었기 때문이다. 포프 시대의 시인들에게 진리로 수용되고 통용될 수 있었던 것은 오로지 개념적 차원에서 개진되는 논리적 진술뿐이었다. 포프처럼 밀턴도 합리주의자였으나 밀턴의 경우 하느님이나 사탄 같은 존재는 선악의 원리일 뿐만 아니라 실존적 존재로 간주되었다. 포프도 밀턴처럼 신화를 이용할 때가 있지만 어디까지나 그것은 기교적 필요와 독자들에게 즐거움을 제공하려는 목적에서이지 신화의 진실성을 믿어서가 아니었다.[55)]

신화가 허구(fiction)로 전락한 시대에 시인에게 남겨진 것은 "가시적 세계"인 현실뿐, 그래서 이제 시인은 싫든 좋든 현실과의 힘겨운 씨름을 벌여나가지 않으면 안 된다. 그때 시인은 두 가지 방식 중의 하나를 선택해야 했다. 한 가지 방식은 시인이 현실과 대면하여 현실과 씨름할 때 야기되는 심리적 진실을 곧이곧대로 정직하게 기술하는 방식이다. 또 한 가지 방식은 자신과 동시대인들에게 수용될 수 있는 새로운 신화를 만드는 일이다. 블레이크와 셸리와 키츠가 나름대로 새로운 신화를 모색하고 새로운 신화를 창조하는 방향으로 나아갔다면, 워즈워스는 현실과 용감하게 대면하여 그로부터 야기되는 심리적 진실의 파동을 숨김없이 털어놓는 방향으로 문학적 진로를 설정한다. 신화를 박탈당한 채 가시적 세계 속에

55) 이 점은 포프의 『머리타래의 겁탈』(Rape of the Lock)을 보면 쉽게 납득이 갈 것이다.

홀로 남겨진 시인이 의지할 수 있는 것이라고는 시인의 마음과 세계 간의 상호작용에서 발생하는 체험들뿐. 이제 시인은 자신과 세계의 상호작용에서 신념체계를 구축하지 않으면 안 된다. 기계론적 철학에 의해 생명을 박탈당한 세계에 생명의 숨결을 불어넣는 일. 그것이 바로 워즈워스에게 부여된 임무였고 그는 그 임무를 자신의 사명으로 기꺼이 받아들인다. 그 사명에 대한 확신과 자신감은 어린시절부터 경험했던 자연과의 교감을 통해 서서히 다져진다. 현실과 힘겨운 싸움을 벌이는 과정에서 워즈워스는 인간과 세계의 여러 국면들이 보편적 법칙으로 현실화되는 장면들을 감동적으로 보여줄 수 있었기에 오늘날까지도 현대 시인의 대변자로 추앙받는 것이다.

그러나 묵시적 혹은 성찬적 순간들을 지속적으로 체험한다는 것은 사실상 불가능한 일이다. 얼어붙은 대지에 따스한 생명의 숨결을 불어넣어 살아 숨쉬게 하고, "땅과 하늘과 바다에 자기 존재 전체를 투사하는 일"(shoot one's being through earth, air and sea), "신화적 장비"를 박탈당한 외로운 시인에게 그것은 얼마나 무거운 짐으로 작용하였겠는가? 워즈워스가 여러 해 동안 무거운 짐을 짊어진 뒤 마침내 아틀라스처럼 바위산으로 변해버렸다 한들 그리 놀라운 일이 아닐 것이다. 젊음과 콜리지와 도로시(Dorothy)와 알폭스덴(Alfoxden)의 달빛은 잠시 그의 짐을 덜어주었다. 그러나 「틴턴 수도원」이 집필되던 1797년 여름에 이미 상상력의 쇠퇴를 우려하는 불안의 조짐이 나타나기 시작하며, 1805년이 되면 그의 창조력은 돌이킬 수 없으리만치 고갈되어 버린다. 하지만 그런 현상은 워즈워스 시의 본질과 성격에 비추어 볼 때 어쩌면 당연한 귀결이었는지도 모른다.

"인습으로 인하여, 범인들의 눈에는, 그 모든 광휘가 흐릿해 보이고, 눈부신 광채는 빛을 잃고, 이슬방울들은 메말라 버린 상황에서, [자연의] 형상과 사건과 정황을 이상적 세계의 음조와 분위기로 감싸고, 그 깊이와 높이를 더하는 작업"[56] — 그것은 젊음만이 할 수 있는 특권일 것이다. 젊은 시절 시인은 온갖 사물에 상상력의 색채를 흥건히 덧칠하여 그것들을 전혀 다른 모습으로 변화시킬 수 있었으나 감수성이 무디어지는 나이로 접어들면서 그런 능력은 급격히 쇠퇴한다. 당분간 그는 "시간점"(spot of time)이라 부른 창조적 순간들을 회상하며 거기에서 힘의 원천을 발견한다. 특히 『서곡』에서는 외부세계와의 가망 없는 전투를 벌이면서도 당분간은 과거의 기억에 의지하여 버텨나갈 수 있었다. 그러나 그의 자본은 한정된 자본이었고, 그래서 그것은 머지않아 완전히 고갈되어 버릴 운명이었던 것이다.

---

56) "To spread the tone, the atmosphere, and with it the depth and height of the ideal world around forms, incidents and situations, of which, for the common view, custom had bedimmed all the lustre, had dried up the sparkle and the dew-drops." John Shawcross, ed., *Biographia Literaria* (Oxford: The Clarendon Press, 1907), vol. i, 59.

Supplementary Reading

We Are Seven[57]

— A simple Child,
That lightly draws its breath,
And feels its life in every limb,
What should it know of death?

I met a little cottage Girl:
She was eight years old, she said;
Her hair was thick with many a curl
That clustered round her head.

She had a rustic, woodland air,
And she was wildly clad:
Her eyes were fair, and very fair;
— Her beauty made me glad.

"Sisters and brothers, little Maid,
How many may you be?"
"How many? Seven in all," she said,
And wondering looked at me.

---

57) Written at Alfoxden in the spring of 1798.... The little girl who is the heroine I met within the area of Goodrich Castle [in the Wye Valley north of Tintern Abbey] in the year 1793 [Wordsworth's note]. Wordsworth also tells us that he composed the last line of the last stanza first, and that Coleridge contributed the initial stanza.

"And where are they? I pray you tell."
She answered, "Seven are we;
And two of us at Conway[58] dwell,
And two are gone to sea.

"Two of us in the church-yard lie,
My sister and my brother;
And, in the church-yard cottage, I
Dwell near them with my mother."

"You say that two at Conway dwell,
And two are gone to sea,
Yet ye are seven! I pray you tell,
Sweet Maid, how this may be."

Then did the little Maid reply,
"Seven boys and girls are we;
Two of us in the church-yard lie,
Beneath the church-yard tree."

"You run about, my little Maid,
Your limbs they are alive;
If two are in the church-yard laid,
Then ye are only five."

"Their graves are green, they may be seen,"
The little Maid replied,
"Twelve steps or more from my mother's door,
And they are side by side.

My stockings there I often knit,
My kerchief there I hem;

---

58) A seaport town in north Wales.

And there upon the ground I sit,
And sing a song to them.

And often after sun-set, Sir,
When it is light and fair,
I take my little porringer,*
And eat my supper there.

* bowl for porridge

The first that died was sister Jane;
In bed she moaning lay,
Till God released her of her pain;
And then she went away.

So in the church-yard she was laid;
And, when the grass was dry,
Together round her grave we played,
My brother John and I.

And when the ground was white with snow,
And I could run and slide,
My brother John was forced to go,
And he lies by her side."

"How many are you, then," said I,
"If they two are in heaven?"
Quick was the little Maid's reply,
"O Master! we are seven."

"But they are dead; those two are dead!
Their spirits are in heaven!"
'Twas throwing words away; for still
The little Maid would have her will,
And said, "Nay, we are seven!"

Expostulation and Reply[59]

"WHY, William, on that old grey stone,
Thus for the length of half a day,
Why, William, sit you thus alone,
And dream your time away?

"Where are your books? — that light bequeathed
To Beings else forlorn and blind!
Up! up! and drink the spirit breathed
From dead men to their kind.

You look round on your Mother Earth,
As if she for no purpose bore you;
As if you were her first-born birth,
And none had lived before you!"

One morning thus, by Esthwaite lake,
When life was sweet, I knew not why,
To me my good friend Matthew spake,
And thus I made reply:

"The eye — it cannot choose but see;
We cannot bid the ear be still;
Our bodies feel, where'er they be,
Against or with our will.

Nor less I deem that there are Powers
Which of themselves our minds impress;
That we can feed this mind of ours

---

59) "This poem is a favourite among the Quakers, as I have learnt on many occasions. It was composed in front of the house at Alfoxden, in the spring of 1798."

In a wise passiveness.

Think you, 'mid all this mighty sum
Of things for ever speaking,
That nothing of itself will come,
But we must still be seeking?

— Then ask not wherefore, here, alone,
Conversing as I may,
I sit upon this old grey stone,
And dream my time away,"

The Tables Turned

— An evening scene on the same subject

UP! up! my Friend, and quit your books;
Or surely you'll grow double:
Up! up! my Friend, and clear your looks;
Why all this toil and trouble?

The sun, above the mountain's head,
A freshening lustre mellow
Through all the long green fields has spread,
His first sweet evening yellow.

Books! 'tis a dull and endless strife:
Come, hear the woodland linnet,
How sweet his music! on my life,
There's more of wisdom in it.

And hark! how blithe the throstle sings!
He, too, is no mean preacher:
Come forth into the light of things,

Let Nature be your teacher.

She has a world of ready wealth,
Our minds and hearts to bless —
Spontaneous wisdom breathed by health,
Truth breathed by cheerfulness.

One impulse from a vernal wood
May teach you more of man,
Of moral evil and of good,
Than all the sages can.

Sweet is the lore which Nature brings;
Our meddling intellect
Mis-shapes the beauteous forms of things: —
We murder to dissect.

Enough of Science and of Art;
Close up those barren leaves;
Come forth, and bring with you a heart
That watches and receives.

from Tintern Abbey

(Lines Composed a Few Miles above Tintern Abbey On Revisiting the Banks of the Wye During a Tour. July 13, 1798)

Five years have passed; five summers, with the length
Of five long winters! and again I hear
These waters, rolling from their mountain-springs
With a soft inland murmur. — Once again
Do I behold these steep and lofty cliffs,
That on a wild, secluded scene impress
Thoughts of more deep seclusion; and connect

The landscape with the quiet of the sky.
The day is come when I again repose
Here, under this dak sycamore, and view
These plots of cottage-ground, these orchard-tufts,
Which at this season, with their unripe fruits,
Are clad in one green hue, and lose themselves
'Mid groves and copses. Once again I see
These hedge-rows, hardly hedge-rows, little lines
Of sportive wood run wild: these pastoral farms,
Green to the very door; and wreaths of smoke
Sent up, in silence, from among the trees!
With some uncertain notice, as might seem
Of vagrant dwellers in the houseless woods,
Or of some Hermit's cave, where by his fire
The Hermit sits alone.

My heart leaps up

My heart leaps up when I behold
A rainbow in the sky:
So was it when my life began;
So is it now I am a man;
So be it when I shall grow old,
Or let me die!
The Child is father of the Man;
And I could wish my days to be
Bound each to each by natural piety.[60]

---

60) As distinguished from piety based on the Scriptures, in which God makes the rainbow the token of his covenant with Noah and all his descendants (Genesis 9.12-17). The religious sentiment that binds Wordsworth's mature self to that of his childhood is a continuing responsiveness to the miracle of ordinary things.

She dwelt among the untrodden ways

She dwelt among the untrodden ways
Beside the springs of Dove,[61]
A Maid whom there were none to praise
And very few to love;

A violet by a mossy stone
Half hidden from the eye!
— Fair as a star, when only one
Is shining in the sky.

She lived unknown, and few could know
When Lucy ceased to be;
But she is in her grave, and, oh,
The difference to me!

Written in March[62]

— while resting on the bridge
at the foot of Brother's Water

The cock is crowing,
The stream is flowing,
The small birds twitter,
The lake doth glitter,
The green field sleeps in the sun;
The oldest and youngest
Are at work with the strongest;

---

61) There are several rivers by this name in England, including one in the Lake District.

62) For the composition of this poem, see Dorothy Wordsworth's *Grasmere Journals*, Apr. 16, 1802.

The cattle are grazing,
Their heads never raising;
There are forty feeding like one!

Like an army defeated,
The snow hath retreated,
And now doth fare ill
On the top of the bare hill;
The plowboy is whooping — anon — anon;
There's joy in the mountains;
There's life in the fountains;
Small clouds are sailing,
Blue sky prevailing;
The rain is over and gone!

I wandered lonely as a cloud

I wandered lonely as a cloud
That floats on high o'er vales and hills,
When all at once I saw a crowd,
A host of golden daffodils;
Beside the lake, beneath the trees,
Fluttering and dancing in the breeze.

Continuous as the stars that shine
And twinkle on the milky way,
They stretched in never-ending line
Along the margin of a bay:
Ten thousand saw I at a glance
Tossing their heads in splightly dance.

The waves beside them danced; but they
Out-did the sparkling waves in glee:

A poet could not but be gay,
In such a jocund company:
I gazed — and gazed — but little thought
What wealth the show to me had brought:

For oft, when on my couch I lie
In vacant or in pensive mood,
They flash upon that inward eye
Which is the bliss of solitude;
And then my heart with pleasure fills,
And dances with the daffodils.

The Solitary Reaper[63)]

Behold her, single in the field,
Yon solitary highland lass!
Reaping and singing by herself;
Stop here, or gently pass!
Alone she cuts and binds the grain,
And sings a melancholy strain;
O listen! for the Vale profound
Is overflowing with the sound.

No nightingale did ever chaunt
More welcome notes to weary bands

---

63) One of the rare poems not based on Wordsworth's own experience. The poet tells us that it was suggested by a passage in Thomas Wilkinson's Tours to the British Mountains (1824), which he had seen in manuscript: "Passed a female who was reaping alone: she sung in Erse [the Gaelic language of Scotland] as she bended over her sickle; the sweetest human voice I ever heard: her strains were tenderly melancholy, and felt delicious, long after they were heard no more."

Of travellers in some shady haunt,
Among Arabian sands:
A voice so thrilling ne'er heard
In spring-time from the Cuckoo-bird,
Breaking the silence of the seas
Among the farthest Hebrides.

Will no one tell me what she sings? —
Perhaps the plaintive numbers flow
For old, unhappy, far-off things,
And battles long ago:
Or is it some more humble lay,
Familiar matter of to-day?
Some natural sorrow, loss, or pain,
That has been, and may be again?

What'er the theme, the Maiden sang
As if her song could have no ending;
I saw her singing at her work,
And o'er the sickle bending; —
I listened, motionless and still;
And, as I mounted up the hill,
The music in my heart I bore,
Long after it was heard no more.

London, 1802[64)]

Milton! thou should'st be living at this hour:
England hath need of thee: she is a fen

---

64) One of a series "written immediately after my return from France to London, when I could not but be struck, as here described, with the vanity and parade of our own country... as contrasted with the quiet, and I may say the desolation, that the revolution had produced in France" [Wordsworth's note].

Of stagnant waters: altar, sword, and pen,
Fireside, the heroic wealth of hall and bower,
Have forfeited their ancient English dower
Of inward happiness. We are selfish men;
Oh! raise us up, return to us again;
And give us manners, virtue, freedom, power.
Thy soul was like a Star, and dwelt apart:
Thou hadst a voice whose sound was like the sea:
Pure as the naked heavens, majestic, free,
So didst thou travel on life's common way,
In cheerful godliness; and yet thy heart
The lowliest duties on herself did lay.

The Ship of the Ancient Mariner

5. 창조적 인식과 생명의 통합: 콜리지의 「늙은 뱃사람의 노래」

1 자수정 샨델리아

영국 낭만주의 시인들 중에서도 콜리지(Samuel Taylor Coleridge: 1772-1834)만큼 지성과 논리적 사유 능력이 뛰어난 시인은 없을 것이다. 콜리지의 삶의 한 단면을 다룬 단편 「콕슨 기금」(Coxon Fund)에서 헨리 제임스(Henry James)는 그의 지성을 "삶의 모든 인상과 사유의 모든 가능성을 눈부시게 반사하는, 공중에 매달린 커다란 수정(水晶)"에 비유한 바 있다.[65] 이 비유는 콜리지의 폭넓은 관심사와 민첩하고 명쾌한 인식력과 함께 일순간 찬란하게 빛을 발하다 순식간에 꺼져 버리는 지성을 보여주는 절묘한 비유라 하겠다. 사실 콜리지의 지성은 사방으로 일관되게 빛을 비추는 등불이기보다는 자수정 샨델리아에서 반사되는 현란한 빛과도 같다. 평생토록 정서불안에 시달려야 했던 그는 시와 비평에서뿐만 아니라 신학과 형이상학의 영역에서도 탁월한 직관을 보여 주었다.

그러나 그가 기획했던 일들은 의지 박약과 취약한 지구력으로 인하여 조만간 중도에서 포기되거나 기약도 없이 뒤로 미루어지는 경우가 적지 않았다. 그래서 그의 작품들 대부분은 미완의 단편(斷片)으로 남아 있거나 혹은 아예 존재 자체를 거부당한 채 읽고 있던 책의 한쪽 귀퉁이에

---

65) "[...] a great suspended crystal — flashing back every impression of life and every possibility of thought." "Introduction to Samuel Taylor Coleridge," in *The English Romantic Poets*, ed. & Introduction by Marius Bewley (New York: The Modern Library, 1970), 314.

메모 형태로 기록되어 나중에 관심 있는 이들에 의해 그 불씨가 되살아날 수 있기를 기대하는 처지였다. 1816년에 찰스 램(Charles Lamb)은 콜리지가 자작시 「쿠블라 칸」(Kubla Khan)을 낭송하는 것을 듣고는 그에 대한 인상을 "조금 상처 입은 대천사"(an archangel, a little damaged)로 표현한 바 있다. 램의 이 비유는 어디까지나 호의에서 비롯된 것이었을 뿐, 이때쯤이면 콜리지의 아편중독 증세는 매우 우려할 만한 지경으로까지 진행된다. 그러나 여기서는 파란만장했던 콜리지의 개인사는 접어두고, 우선 그의 '상상력'(imagination) 이론의 골격을 간단히 살펴본 뒤, 그의 시 중에서도 가장 사랑받는 「늙은 뱃사람의 노래」(The Rime of the Ancient Mariner)를 상상력 이론과 연관지어 읽어보고자 한다.

2 공상과 상상력

케임브리지 대학 시절과 졸업 후 몇 년 동안 콜리지는 '연상인식론'(associationism)의 대표적 이론가인 하틀리(David Hartley)의 열렬한 숭배자가 된다. 그러나 얼마 되지 않아 그는 하틀리의 인식론이 너무나 "기계적"(mechanical)이라 생각하고는 블레이크가 시적 재현을 통해 상징적으로 보여주는 데 만족했던 "창조적 상상력"(creative imagination) 이론을 발전시켜 나간다. "시란 무엇인가?" 란 질문에 대하여 콜리지는 "공들여 만든 그 무엇"이란 신고전주의 미학을 전적으로 거부하고,[66] 대신에 시란 모든 구성요소들이 생명원리에 따라 자연스럽게 유기적으로 결합된 "유기적 통일체"(organic unity)란 생각을 체계화하기 시작한다. 이른바 '유기체론'(organicism)이라 부르는 그의 이론은 시의 본질뿐만 아니

---

66) 『비평론』에서 포프는 "시란 맵시 있게 치장된 자연인 것을,/ 사람들이 흔히 생각은 해왔으나 그토록 잘 표현된 적은 없었던 것"(True Wit is Nature to advantage dress'd; / What oft was thought but ne'er so well expressed.)이라 정리한 바 있다. *An Essay on Criticism*, 71.

라 창작과정과 인식의 문제로까지 범위가 확대된다.

「보편 시인으로서의 셰익스피어」(Shakespeare as a Poet Generally)란 제목의 강연에서 콜리지는 시를 "기계적인 시"(mechanical poem)와 "유기적인 시"(organic poem) 두 부류로 나누어 그것들을 각각 '공상'(fancy)과 '상상력'(imagination)이란 정신작용에 연계시킨다. 공상과 상상력의 차이는 『비너스와 아도니스』(Venus and Adonis)의 다음 두 구절을 보면 잘 알 수 있다.

Full gently now she takes him by the hand,
A lily prisoned in a gaol of snow,
Or ivory in an alabaster band:
So white a friend ingirts so white a foe.

이제 그녀는 너무나도 부드럽게 그의 손을 잡는다.
눈감옥 속에 갇힌 한송이 백합화,
혹은 줄마노 허리띠에 박힌 상아보석이어라.
순백의 친구는 그렇게 순백의 적을 감싼다.

이런 류의 시는 "근본적으로 서로 다른 이미지들을 한두 가지 유사함만으로 연결시키는 능력"에 따라 지어진 것이라고 콜리지는 말한다.[67] 이 구절을 구성하는 이미지들은 하얗다는 성질 이외에는 아무런 공통점도 없기에, 그것들이 접속 병치되는 현상은 어색하게 느껴지기 마련이라는 것이다. 때로는 그 같은 접합이 즐거움을 주는 경우도 있지만, 전체적으로 이미지 하나하나는 개별성을 유지한 채 유기적 통합으로 발전하지 못한다. 이에 반하여 같은 시의 다음 구절은 상상력의 작용에 의한 이미지들

---

67) " [...] the faculty of bringing together images dissimilar in the main by some one point or more of likeness." Walter Jackson Bate, *Criticism: The Major Texts* (New York: Harcout Brace Jovanovich, Inc., 1970), 388.

의 유기적인 결합 방식을 보여주는 탁월한 사례로 인용되고 있다.

> Look! how a bright star shooteth from the sky;
> So glides he in the night from Venus' eye!
>
> 보라! 눈부신 별이 하늘을 가르는 광경을.
> 그렇게 그는 어두운 밤 비너스의 시야에서 미끄러져 달아나네!

이 구절을 두고 콜리지는 서로 다른 요소들이 외면상 연결되어 있을 뿐만 아니라 내부적으로도 "융합되어"(fused) 있다며 이렇게 설명한다.

> How many images and feelings are here brought together without effort and without discord, in the beauty of Adonis, the rapidity of his flight, the yearning, yet hopelessness, of the enamoured gazer, while a shadowy ideal character is thrown over the whole! (Bate, 389)
>
> 얼마나 많은 이미지와 느낌들이 아무런 노력도 불협화음도 없이 여기에 통합되어 있는가! 아도니스의 아름다움, 그 빠른 질주, 사로잡힌 시선의 애틋한 갈망, 하지만 그녀의 것이 될 가망이 없을 것이란 느낌, 그러는 사이에 흐릿해 보이던 이상적인 인물은 이제 어둠의 옷을 벗어버리고 우리의 시야에 또렷이 그 모습을 드러낸다.

공상과 상상력 간의 차별성을 개진하는 가장 유명한 진술은 『문학적 자서전』(Biographia Literaria) 13장 — "상상력, 혹은 융합력에 대하여"(On the Imagination, or the Esemplastic Power) — 마지막 부분에 기술되는데, 여기에서 콜리지는 상상력이란 개념을 정확히 전달하기 위해 "esemplastic"이란 합성어를 선보인다. 이 합성어는 다양한 부분들을 유기적으로 통합하는 능력 즉 융합력을 의미하는 것으로, 나무가 공기와 빛과 물을 빨아들여 꽃을 피우는 자연현상과 다를 바 없다.

> The IMAGINATION then, I consider either as primary, or secondary. The primary IMAGINATION I hold to be the living Power and prime Agent of all human Perception, and as a repetition in the finite mind of the eternal act of creation in the infinite I AM. The secondary Imagination I consider as an echo of the former, co-existing with the conscious will, yet still as identical with the primary in the kind of its agency, and differing only in degree, and in the mode of its operation. It dissolves, diffuses, dissipates, in order to re-create; or where this purpose is rendered impossible, yet at all events it struggles to idealize and to unify. It is essentially vital, even as all objects (as objects) are essentially fixed and dead.
>
> FANCY, on the contrary, has no other counters to play with, but fixities and definities. The Fancy is indeed no other than a mode of Memory emancipated from the order of time and space; while it is blended with and modified by that empirical phenomenon of the will, which we express by the word CHOICE. But equally with the ordinary memory the Fancy must receive all its materials ready made from the law of association. (*BL*, *II*, 202)

그러므로 상상력을 나는 일차적인 것과 이차적인 것으로 나누어 생각한다. 일차상상력은 생동하는 힘이자 모든 인식 행위의 가장 중요한 대행자이며, 유한한 [인간의] 마음속에서 무한한 창조주의 영원한 창조 행위를 되풀이한다고 본다. 이차상상력은 일차상상력의 메아리로, 의식에 바탕을 둔 의지와 공존하며, 대행활동의 본질 면에서는 일차상상력과 동일하지만 강도와 작용방식 면에서 다를 뿐이다. 그것은 재창조를 위해 분해하고 분산시키고 방산한다. 그런 목적이 불가능해질 때면 그것은 어떻게든 이상화하고 통합하려고 애를 쓴다. 모든 사물은 사물 그 자체로는 본질상 고정되고 죽어 있는 데 반하여, 상상력은 본질상 생명력이 분출하는 정신작용이다.

이와는 반대로, 공상에는 작용할 대항력(對抗力)이 존재하지 않기에 그것은 고정된 활동과 제한된 활동을 할 뿐이다. 사실 공상은 시간과 공간의 질서로부터 해방된 기억의 작용 방식에 지나지 않는다. 공상이 작용할 때 그것은 경험적 세계에서 의지가 행사되는 현상과 혼합되고 또 그것에 의해 수정되는데, 우리는 그런 현상을 선택이란 단어로 표현한다. 그러나 통상적인 기억과 마찬가지로 공상은 연상법칙에 따라 이미 만들어진 모든 재료들을 받아들이지 않으면 안 된다.

콜리지의 형이상학적 사유는 독일 관념철학자들, 특히 칸트(Emmanuel Kant)의 영향을 많이 받은 것으로 알려져 있다. 칸트에 대한 콜리지의 존경과 열정은 의심의 여지가 없으나 칸트 철학은 그의 마음속에 움트고 있던 문학적·철학적 사유에 견실성을 부여하고 또 그 범위를 넓혀 주었다고 보는 것이 보다 더 타당할 것 같다.[68] 1796년에 콜리지는 워즈워스의 자작시 낭송에 깊이 고무되어 공상과 상상력은 별개의 정신작용이라고 생각하고는 그때부터 시적 상상력에 대한 "반복된 명상"(repeated meditation)에 돌입했음을 고백한 바 있다(*BL*, *I*, 60-1).

칸트에 의하면 인간의 '마음'(mind)은 단순히 수동적이기만 한 것은 아니다. 마음은 '감각'(sense)을 통해 받아들인 '인상'(impression)들을 마음속에 선험적으로 주어진 열두 개의 '선험적 범주'(a priori category)가 지시하는 바에 따라 능동적으로 재구성한다. 인간의 인식 과정은 열두 명의 능숙한 조각가들에 의해 작품이 공동 제작되는 작업실을 상상해 보면 쉽게 이해할 수 있을 것이다. 그들은 작업실로 유입된 다양한 인상들을 끊임없이 재구성하고 다듬어 유기적 통일체로 탈바꿈시킨다.

---

68) David Perkins, "Introduction to S. T. Coleridge," in *English Romantic Writers* (New York: Harcourt Brace Jovanovich, Inc., 1967), 391-392.

처음에는 하틀리의 연상이론에 심취했으나 얼마 되지 않아 콜리지는 칸트와 같은 맥락에서 인간의 마음을 능동적이고 창조적인 것으로 보게 된다. 유한한 인간은 창조적 인식력을 통해 무한자 하느님의 영원한 창조행위를 반복한다는 것이다. 그가 '일차상상력'이라 이름 붙인 이 능력은 인간이면 누구나 타고난 인식력으로, 의식의 세계에서 표출되는 의지의 발현과는 다르게 무의식적 차원에서 독립적으로 작용하게 마련이다. '이차상상력'은 시인 또는 예술가의 상상력으로, 시인의 의식과 의지가 작용한다는 점에서 일차상상력과는 다르다. 모든 인간은 어떤 방식으로든 사물을 인식하지만 그렇다고 모든 인간이 시인이 될 수는 없다. 일차상상력의 주요 대상이 감각기관을 통해 유입된 인상들임에 반하여, 이차상상력은 우리 마음속에 축적된 관념과 개념과 이미지와 언어들을 주요 대상으로 한다. 감각기관을 통해 자극이 유입될 때 일차상상력이 새로운 인상들을 기존의 관념체계 내에서 재조정한다면, 이차상상력은 마음속에 축적된 관념과 이미지와 언어들을 유기적 통일체로 재창조한다. 『문학적 자서전』 14장에서 콜리지는 이차상상력의 작용 방식을 이렇게 서술한 바 있다.

> The poet, described in ideal perfection, brings the whole soul of man into activity, with the subordination of its faculties to each other, according to their relative worth and dignity. He diffuses a tone and spirit of unity, that blends, and (as it were) fuses, each into each, by that synthetic and magical power, to which we have exclusively appropriated the name of imagination. [...]
>
> This power, first put in action by the will and understanding, and retained under their irremissive, though gentle and unnoticed, control (laxis effertur habenis: [driven with loosened reins]), reveals itself in the balance or reconciliation of opposite or discordant qualities: of sameness, with difference; of the general, with the concrete; the idea, with the image; the individual, with the

representative; the sense of novelty and freshness, with old and familiar objects; a more than usual state of emotion, with more than usual order; judgement ever awake and steady self-possession, with enthusiasm and feeling profound or vehement. (*BL*, *II*, 12)

> 시인은, 이상적 완벽성의 견지에서 서술하자면, 인간의 영혼 전체를 활동케 한다. 그때 영혼의 각 기능들은 그것들의 가치와 위엄의 정도에 따라 서로에게 양보하고 종속의 상태를 기꺼이 받아들인다. 시인은 통합의 어조와 통합의 정신을 확산시키는데, 그때 통합의 정신은 우리가 상상력이라 이름 붙인 저 마력적 통합력에 따라 서로를 뒤섞고, (말하자면) 서로 녹아들게 하는 것이다. [...]
>
> 이 힘은, 처음에는 의지(意志)와 오성(悟性)에 따라 활동하며, 비록 부드럽고 눈에 띄지는 않지만 엄격하게 통제된 상태로 (고삐를 늦춘 말이 달리듯) 지속되는 이 힘은, 정반대되는 혹은 불협화음을 일으키는 성질들의 균형 내지는 화해에서 그 모습을 드러낸다. 동일한 성질과 서로 다른 성질, 일반적인 것과 구체적인 것, 관념과 이미지, 개별적인 것과 보편적인 것, 새롭고 신선한 느낌을 주는 대상과 오래된 친밀한 대상, 보통 이상의 감정과 보통 이상의 질서, 언제나 깨어있는 양식과 변함없이 차분한 마음, 그리고 깊은 혹은 가증스런 감정이나 열정, 이러한 것들이 서로 균형을 이루고 화해에 도달하는 것이다.

충돌하는 대상들을 화해시키고 정반대되는 속성들을 통합하는 이차상상력은 "강도"(degree)와 "작용 방식"(mode of operation)만 다를 뿐 "본질"(kind)에 있어서는 일차상상력과 다를 바 없다. 따라서 시인 또는 예술가가 훌륭한 작품을 창조하기 위해서는 "영혼 전체"(the whole soul of man)를 투입해야 한다. 앞서 인용한 『비너스와 아도니스』의 두 구절이 보여주듯이, 한 시인의 작품에서도 공상이 작용하는 경우와 상상력이 작용하는 경우가 있을 수 있다. 시를 창작할 때 시인은 영혼 전체를 투입해야 한다는 말은 시작과정에서 요구되는 고도의 집중과 강렬성을 뜻한다고 하겠다.

3 창조적 인식과 "한 생명"

1797-1798년 「늙은 뱃사람의 노래」(The Rime of the Ancient Mariner)를 지을 당시 콜리지의 아편중독 증세나 가정적 불운은 그리 심각한 정도는 아니었다. 하지만 이때부터 그의 마음과 의지가 매우 불안정한 상태로 접어들기 시작했다는 사실이 간과되어서는 안 된다. 시인의 인생역정이란 개인사적 맥락에서 볼 때, 시의 서술자이자 주인공인 '매리너'는 이 시를 쓸 당시 콜리지가 자주 빠져들곤 했던 고립감과 소외감과 죄의식 등을 표상하는 인물이다.[69] 매리너가 타자들과의 유대를 어느 정도 회복하는 구원의 과정은 IV부에서 시작되지만, 구원으로 나아가기 위한 고해성 고백은 도입부의 혼인잔칫집 대문 밖에서 행해진다. 사라 프리커(Sara Fricker)와의 결혼생활은 대부분 견디기 힘든 짐이었으나 콜리지에게 결혼은 삶의 환희와 연속성과 사회적 응집력을 상징하는 신성한 것이었다. 그러기에 그는 한 쌍의 남녀가 결혼한 뒤에는 결혼생활이 짐이 되더라도 헤어져서는 안 된다는 신념을 간직하고 있었다. 그러므로 아무런 까닭도 없이 '알바트로스'(Albatross)를 쏘아 죽인 매리너의 잔혹행위는 우주의 신성한 질서를 파괴한 것이었고, 그래서 그는 사랑과 친화를 다짐하는 혼인잔칫집 문턱에서 자기 죄를 속죄하는 것이다.

그렇다고 매리너가 항해를 시작하면서부터 죄의식에 시달리는 것은 아니다. 항구를 떠날 때 배는 순풍에 돛을 달고 잔잔한 바다 위를 미끄러져 달리며, 자유와 희망을 가슴에 품은 선원들 모두가 유쾌한 기분과 기대감으로 부풀어 있다. 그러다 매리너가 탄 배는 폭풍을 만나 얼어붙은 남극

69) Marius Bewley, *English Romantic Poets*, 314-342.

지방을 표류하게 되는데, 집채만 한 빙산들 사이를 헤집고 "에메랄드 초록빛"(as green as emerald) 바다를 조심스럽게 항해하는 장면을 묘사하는 대목은 17세기 이래 서구인들이 신대륙을 발견·탐험하는 과정에서 겪었을 탐험대의 고난과 극기를 연상케 한다. 그러던 중 폭풍이 멎는가 싶더니 새 한 마리가 날아와 배 주위를 유유히 선회한다. 생물이라곤 찾아볼 수 없는 바다 한가운데서 예기치 않게 찾아온 이 알바트로스는 뱃사람들 모두에게 "기독교적 영혼"(Christian soul)을 지닌 길조(吉鳥)로 환대받는다. 그 새가 찾아온 때를 전후하여 그토록 요동치던 폭풍이 멎고 산들바람이 불기 시작했기 때문이다. 그래서 알바트로스는 뱃사람들이 주는 음식을 받아먹으며 배 주위를 선회하는가 하면 돛대 위에 앉아 그들과 친교를 나눈다. 그런데 어찌된 영문인지 이 길조를 매리너가 활로 쏘아 죽이는 어처구니없는 일이 발생한다. 순풍을 몰고 온 길조를 아무런 까닭도 없이 쏘아 죽임으로써 매리너는 우주의 신성한 질서를 깨뜨리고 그 결과 동료선원들로부터 고립된다.

어느덧 배는 바람 한 점 없는 적도바다 한가운데 미동도 않은 채 멈춰 서 있다. 구릿빛 태양이 작열하는 가운데 바다는 악취를 풍기며 썩어들고, 끈적끈적한 바다 위를 기어다니는 끈적끈적한 물체들은 보는 이로 하여금 모골(毛骨)이 송연하게 한다. 뱃사람들이 처한 처절한 상황을 묘사하는 다음 대목은 어느 정도 문학적 감수성을 갖춘 사람이라면 두고두고 잊을 수 없는 장면일 것이다.

> Down dropped the breeze, the sails dropped down,
> 'Twas sad as sad could be;
> And we did speak only to break
> The silence of the sea!
>
> All in a hot and copper sky,
> The bloody Sun, at noon,
> Right up above the mast did stand,

No bigger than the Moon.

Day after day, day after day,
We stuck, nor breath nor motion;
As idle as a painted ship
Upon a painted ocean.

Water, water, everywhere,
And all the boards did shrink;
Water, water, everywhere,
Nor any drop to drink.

The very deep did rot: O Christ!
That ever this should be!
Yea, slimy things did crawl with legs
Upon the slimy sea.

About, about, in reel and rout
The death-fires danced at night;
The water, like a witch's oils,
Burnt green, and blue and white.

And some in dreams assured were
Of the Spirit that plagued us so;
Nine fathom deep he had followed us
From the land of mist and snow.

And every tongue, through utter drought,
Was withered at the root;
We could not speak, nor more than if
We had been choked with soot.

Ah! well-a-day! what evil looks
Had I from old and young!
Instead of the cross, the Albatross

About my neck was hung.

산들바람 멎어버리고, 처진 돛 떨어지고,
이토록 슬플 수 있으랴.
말을 할 때는 다만
바다의 적막을 깨뜨리기 위해서일 뿐!

구릿빛 뜨거운 하늘에는 온통
피 먹은 태양이
대낮에도 달만 한 크기로
돛대 바로 위에 서 있었다네.

날이면 날마다, 오늘도 내일도,
숨 막혀 옴짝 못하고,
그림 속 바다에 무료히 떠있는
그림 속 색칠한 배와도 같아라.

여기도 저기도, 온통 물바다,
갑판은 갈라질 듯 쪼그라들고,
여기도 저기도, 온통 물바다,
마실 물이라곤 어디에도 없어라.

깊은 바다는 온통 썩어 있었다네.
오, 주여! 우째 그런 일이!
끈적끈적한 바다 위를 엉금엉금
끈적끈적한 물체들이 기어다녔네.

이리저리 시끌벅적, 휘돌아 감돌며,
밤에는 도깨비불 춤추어대고,
마녀의 기름불마냥 바다는
초록빛, 푸른빛, 희멀건 빛으로 타올랐네.

그토록 우리를 괴롭히는 혼령을
우리는 꿈속에서나 보게 되지만,
안개와 눈의 나라로부터 그것은
아홉 길 물길 따라 우릴 쫓아왔네.

극심한 기갈로 혓바닥은
뿌리까지 온통 타들어가고,
그을음으로 목이 메인 양
말이라곤 나오지 않았네.

아! 이내 신세! 젊은이도 늙은이도
날 보는 눈초리 얼마나 섬뜩했던지!
십자가 대신에 내 목에는
그 알바트로스 걸려 있었다네.

매리너와 그의 동료들이 처한 상황은 인간이 추락 가능한 가장 깊은 나락(nadir)이다. 맨 아래 나락에서 한동안 옴짝 않고 정지해 있던 시는 이제 서서히 상승운동을 시작한다. 이 시가 단테의 「연옥편」(Purgatory)에 해당한다고 윌슨 나잇(Wilson Knight)이 본 것은 바로 그 때문이다.[70)]

70) "Coleridge's Divine Comedy", in *The Starlit Dome : Studies in the Poetry of Vision* (London: Oxford UP, 1971), 83-178. 나잇은 *Christabel*을 「지옥편」으로 "Kubla Khan"을 「천국편」으로 보고, 「늙은 뱃사람의 노래」와 이 두 시의 상징적 의미 관계를 규명한 바 있다.

극심한 기갈로 동료들이 다 죽은 뒤 매리너만이 망망대해(茫茫大海) 뙤약볕 아래서 가련한 목숨을 부지한다. 하지만 하느님과 동료들에게 버림받은 그는 정신적으로는 이미 죽은 목숨이다. '생중사'(生中死: Death-in-Life)의 상태에서 소생하려면 세상에 존재하는 온갖 사물들을 끌어안고 그것들을 서로 연결지어 "한 생명, 온 생명"(one Life)으로 받아들일 때 비로소 가능하다. 그때 전제가 되는 것이 바로 '상상력'이라는 창조적 인식력임은 말할 나위도 없다.

> O! the one Life within us and abroad,
> Which meets all motion and becomes its soul.
>
> ("The Eolian Harp", ll. 26-27.)

> 오! 우리 내부와 외부에 존재하는 한 생명이여,
> 그것은 모든 운동과 만나 그 영혼이 된다.

매리너는 적극적으로 행동하는 법이 없고 오히려 지속적으로 행위의 대상이 될 뿐(continually acted upon)이라며 워즈워스는 매리너의 수동성에 주목한 바 있다.[71] 알바트로스를 활로 쏘아 죽인 행위와 물뱀을 축복하는 행위, 그리고 배가 보인다고 소리치기 위해 자기 팔을 물어뜯어 피를 빠는 경우를 제외하고는 눈에 띄는 행동이 보이지 않는다는 것이다. 주변에서 발생하는 사건에 대해서도 심리적 반응을 보이는 경우란 거의 없고, 정서적·도덕적 진술이 개진되는 것은 책장 여백에 그때그때 써놓은 시인의 논평에서이다. 그러므로 매리너는 시적 감수성을 지닌 인간이기보다는 예리한 관찰력의 소유자로 보는 편이 오히려 더 타당하다고 생각된다.[72]

---

71) John Livingston Lowes, *The Road to Xanadu* (Boston: Houghton Mifflin Company, 1927), 520.

72) Herald Bloom, *The Visionary Company* (Ithaca & London: Cornell UP, 1971), 209.

사자(死者)들의 주검 사이에 홀로 남겨진 처절한 상황에서 매리너는 끈적끈적한 물뱀들이 끈적끈적한 해수면 위를 기어다니는 광경을 목격한다. 처음에 그는 그것을 소름끼치는 광경으로 인식하다가 예기치 않은 순간 아름다운 생물로 인식하며 그것들을 축복하게 된다. 그러나 이 경우에도 축복을 위한 사전에 준비된 상황이 없었던 것은 아니다. 시련이 팔 일째 계속되던 날 밤 그는 하늘에 떠있는 달과 별을 바라보며 그 광경을 사랑이 깃든 아름다움으로 인식한다.

The moving Moon went up the sky,
And no where did abide:
Softly she was going up,
And a star or two beside —

Her beams bemocked the sultry main,
Like April hoar-frost spread;
But where the ship's huge shadow lay,
The charmed water burnt alway
A still and awful red.

Beyond the shadow of the ship,
I watched the water-snakes:
They moved in tracks of shining white,
And when they reared, the elfish light
Fell off in hoary flakes.

움직이는 달은 하늘 높이 떠오르며,
어디에도 멈춰 서는 일 없었네.
부드럽게 사뿐사뿐 그 달은 걸어갔네,
그 옆에 별 하나 별 둘 거느리고 —

달빛은 사월의 희부연 서리마냥 넓게 펴져
타들어가는 바다를 비웃고,
거대한 배 그림자 드리운 곳에서는
마술 걸린 바다가 쥐죽은 듯
끔찍스런 붉은 빛으로 불타고 있었네.

배 그림자 너머 저편에 나는
물뱀들이 뛰노는 모습 바라보았네.
그것들이 반짝이는 하얀 물살 가르며
머리를 치켜들 때면,
꼬마요정 불빛이 하얗게 부서져 내렸네.

다음은 콜리지가 시의 가장자리 여백에 쓴 아름다운 논평(marginal note)이다.

> In his loneliness and fixedness he yearneth towards the journeying Moon, and the stars that still sojourn, yet still move onward; and everywhere the blue sky belongs to them, and is their appointed rest, and their native country and their own natural homes, which they enter unannounced, as lords that are certainly expected and yet there is a silent joy at their arrival.

> 외롭고 정지된 느낌에 사로잡혀 있는 그는 여행하는 달을 동경하며, 또한 언제나 변함없이 달 곁에 머무르며 달과 함께 여행하는 별들을 동경한다. 온 누리에 펼쳐진 푸른 하늘은 그들의 것이고, 그들의 정해진 휴식처이며, 그들의 고향이자 본래의 가정. 귀향이 예견되긴 했으나 집에 돌아오자 말없는 기쁨으로 환대받는 주인 일행처럼 그들은 예고도 없이 고향으로, 본래의 가정으로 걸어 들어간다.

밀폐되고 정체된 내면을 달과 별을 향한 갈망으로 채우고 우주의 심연 속에 존재하는 피조물의 운행에서 아름다움을 발견하는 마음의 상태로부터 매리너의 구원은 시작된다. 달빛과 하얀 서리는 「한밤중의 서리」(Frost at Midnight) 마지막 부분에서도 상상적 통합의 상징으로 재현되고 있거니와, 그것은 「송시: 낙담」(Dejection: An Ode)의 "아름다운 빛을 발하는 안개"(fair luminous mist)와 마찬가지로 "한 생명"(one Life)을 인식할 때 맛보게 되는 환희를 상징한다고 하겠다. 이렇듯 자아를 자연과 하나 되게 함으로써 워즈워스처럼 인간을 자연화하고 자연을 인간화하는 일이야말로 콜리지 사상의 핵심이라 할 만하다. 앞서 인용한 「한밤중의 서리」의 1절뿐 아니라 1802년에 소더비(Sotheby)에게 보낸 편지에서도 콜리지는 같은 생각을 이렇게 피력하였다.

> Never to see or describe any interesting appearance in nature without connecting it, by dim analogies, with the moral world proves faintness of impression. Nature has her proper interest, and he will know what it is who believes and feels that everything has a life of its own, and that we are all One Life. A poet's heart and intellect should be combined, intimately combined and unified with the great appearances of nature and not merely held in solution and loose mixture with them, in the shape of formal similes.[73]

> 자연 속에 존재하는 흥미로운 현상을, 흐릿한 유추(類推)를 통하여, 윤리적 세계와 연결짓는 일 없이 자연현상을 보거나 묘사한다면 그것은 인상의 취약성을 증명할 따름입니다. 자연에는 자연 고유의 관심 영역이 있습니다. 모든 사물에는 각기 고유의 생명이 존재하며, 우리 모두가 '한 생명'이란 사실을 믿고 그렇게 느끼는 사람만이 이

---

73) Humphrey House, "The Ancient Mariner," in *English Romantic Poets*, ed. M. H. Abrams, 217.

말의 진의를 이해할 수 있을 것입니다. 시인의 가슴과 시인의 지성은 광활한 자연현상들과 긴밀하게 결합되고 통합되어야지, 형식적 직유의 형태로 해결되거나 느슨하게 혼합되어서는 안 된다고 하겠습니다.

험프리 하우스(Humprey House)는 이 편지글에 서술된 묘사원리(principle of description)를 가장 잘 발전시킨 작품으로 「늙은 뱃사람의 노래」를 들고 있거니와, 자연현상을 윤리적 세계와 연결짓는 인간화의 방식은 어디까지나 "흐릿한 유추"(dim analogies)에 의해야 함을 분명히 한다. 여기서 "흐릿한 유추"란 상징(symbol)에 가까운 비유를 뜻하는 것임에 반하여 "형식적 직유"(formal similes)란 공상의 작용에 의해 만들어진 기계적인 비유를 말한다. 그러므로 여기에 개진된 생각은 앞서 인용한 「보편 시인으로서의 셰익스피어」란 글의 1절에서 공상과 상상력의 작용 방식을 설명한 대목과 연결된다고 하겠다.

매리너의 창조적 인식력이 발동하는 순간 그때까지 끈적끈적하고 역겨운 물체로만 보이던 자연현상이 이제는 아름답고 환희에 찬 생명으로 인식되고, 그 결과 물뱀과 매리너는 "한 생명"으로 연결된 신비의 영역에 머무르게 된다.

O happy living things! no tongue
Their beauty might declare;
A spring of love gushed from my heart,
And I blessed them unaware:
Sure my kind saint took pity on me,
And I blessed them unaware.

The self-same moment I could pray;
And from my neck so free

The Albatross fell off, and sank
Like lead into the sea.

오, 살아 숨쉬는 행복한 생물들이여!
어떤 언어로도 그 아름다움 표현할 길 없어라.
내 가슴에 사랑의 샘 용솟음쳐 오르고
나도 모르게 나 그들을 축복하였네.
친절한 수호성인이 날 가련하게 여겼음인가,
나도 모르게 나 그들을 축복하였네.

그 순간 나 기도드릴 수 있었네.
목에 걸린 그 알바트로스
시원스럽게 툭- 떨어져
납처럼 바닷속으로 가라앉았네.

이 성찬적 순간에도 매리너의 의식은 "나도 모르게" 물뱀을 축복할 정도로 수동적임을 간과해서는 안 된다. 「쿠블라 칸」(Kubla Kahn)과는 달리 이 시를 시적 창조력, 즉 이차상상력에 관한 시로 볼 수 없는 까닭이 바로 여기에 있다. 로버트 펜 워른(Robert Penn Warren)은 알바트로스를 시적 상상력의 상징으로, 매리너가 이 새를 쏘아 죽인 행위는 콜리지의 시적 상상력 상실을 상징하는 것으로 해석하여 이 시를 둘러싼 논쟁을 가중시킨 바 있다.[74] 앞서 인용한 『문학적 자서전』의 1절에 의하면, 이차상상력이란 기억의 형태로 축적된 다양한 요소들을 해체하고 또 취사선택하는 과정을 거쳐 새롭게 통합을 이루어내는 정신작용이다. 그것은 시인이 몸과 마음을 송두리째 투입해야 하는, 고도의 긴장과 집중을 요하는 중요한 자질이다. 그렇다면 매리너가 절정의 순간에 창조적 인식력을 발

74) "A Poem of Pure Imagination." Humprey House, 230-236.

동하는 위 구절은 그의 "유한한" 마음속에서 하느님의 "영원한" 창조행위가 "무의식적으로" 되풀이되고 있음을 보여주는 대목이라 하겠다. 이런 맥락에서 볼 때 이 시는 인간의 보편적 인식능력인 일차상상력의 발현을 "흐릿한 유추"를 통해 보여주고 있는 것이다(Bloom, 211-212).

4 우주의 신비

같은 맥락에서 우리는 또한 이 시의 머리부분에 '제사'(epigraph)의 형태로 인용된 토마스 버넷(Thomas Burnet)의 글에 주목해야 한다. 『철학적 고고학』(Archaeologiae Philosophicae: 1692)이란 책에서 인용한 이 제사에 의하면, 우주에는 "가시적 세계"(visible world)뿐만 아니라 "불가시의 세계"(invisible world)가 존재하며, 우리가 "일상의 하잘것없는 일들에 습관적으로 얽매여"(habituated to the petty things of daily life) "하찮은 생각들"(trivial thoughts)로 스스로를 왜소하게 만드는 상황에서 탈피하여 "마음의 균형"을 회복하려면 "보다 더 위대하고 보다 더 나은 세계"(greater and better world)에 대한 명상이 요구된다. 그렇다면, 험프리 하우스도 지적하듯이(236-237), 콜리지가 이 시를 통해 비판하는 것은 너무나 외부세계에 집착한 나머지 창조적 인식의 가능성을 무산시키는 기계론적 인식론의 오류에 대해서이며, 매리너가 빠져든 정신적·정서적 불모 상태는 바로 거기에서 비롯된 것이라 하겠다. 신비한 분위기를 자아내는 다양한 이미지와 초자연적 사물과 사건들이 이 시에 난무하는 것은 바로 그 때문이다. 희멀건 초록빛 발하며 바다 위를 둥둥 떠다니는 얼음덩어리들, 바람에 흩날리는 연무(煙霧), 명멸하는 달빛, 그 아래에는 마녀의 기름불마냥 너울거리는 푸르댕댕한 도깨비불, 앙상한 용골, 표류하는 난파선, 거기서 매리너의 생명을 걸고 주사위노름을 하는 악령들, 특히 매리너가 쏘아 죽인 신비의 새 알바트로스. 이처럼 초자연적인 존재와 사물들로 얼키설키 뒤엉킨 이 시는 어쩌다 꿈속에서나 보게 되는 신비의 세계로 우리를 유인한다. 그러므로 이 시의 근본 의도는 우주의 신비를 감지하는 능력을 점차 상실하고 있던 초기 산업화사회의 독자들을 신비의 세계로 안내하여 마음의 균형을 회복시키고, 인간과 우주는 "한 생명, 온 생명"으로 연결되어 있음을 보여주려는 데 있다고 하겠다.

Supplementary Reading

The Rime of the Ancient Mariner

Part I

It is an Ancient Mariner
And he stoppeth one of three,
— "By thy long gray beard and glittering eye,
Now wherefore stopp'st thou me?

The Bridegroom's doors are opened wide,
And I am next of kin;
The guests are met, the feast is set:
May'st hear the merry, din."

He holds him with his skinny hand,
"There was a ship," quoth he.
"Hold off! unhand me, graybeard loon!"
Eftsoons his hand me dropped he.

He holds him with his glittering eye
The Wedding-Guest stood still,
And listens like a three years' child:
The Mariner hath his will.

The Wedding-Guest sat on a store;
He cannot choose but hear;
And thus spake on that ancient man,

The bright-eyed Mariner.

"The ship was cheered, the harbor cleared,
Merrily did we drop
Below the kirk, below the hill,
Below the lighthouse top.

The Sun came up upon the left,
Out of the sea came he!
And he shone bright, and on the right
Went down into the sea.

Higher and higher every day,
Till over the masst at noon —"
The Wedding-Guest here beat his breast,
For he heard the loud bassoon.

The bride hath paced into the hall,
Red as a rose is she;
Nodding their heads before her goes
The merry minstrelsy.

The Wedding-Guest here beat his breast,
Yet he cannot choose but hear;
And thus spake on that ancient man,
The bright-eyed Mariner.

And now the STORM-BLAST came, and he
Was tyrannous and strong;
He struck with his o'ertaking wings,
And chased us south along.

With sloping mast and dipping prow,
As who pursued with yell and blow

Still treads the shadow of his foe,
And forward bends his head,
The ship drove fast, loud roared the blast,
And southward aye we fled.

And now there came both mist and snow,
And it grew wondrous cold:
And ice, mast-high, came floating by,
As green as emerald.

And through the drifts the snowy clifts
Did send a dismal sheen:
Nor shape of men nor beasts we ken —
The ice was all between.

The ice was here, the ice was there,
The ice was all around:
It cracked and growled, and roared and howled,
Like noise in a swound

At length did cross an Albatross,
Through the fog and mist it came;
As if it had been a Christian soul,
We hailed it in God's name.

It ate the food it ne'er had eat,
And round and round it flew.
The ice did split with a thunder-fit;
The helmsman steered us through!

And a good south wind sprung up behind;
The Albatross did follow,
And every day, for food or play,
Came to the mariners' hollo!

In mist or cloud, on mast or shroud,
It perched for vespers nine;
Whiles all the night, through fog-smoke white,
Glimmered the white Moon-shine."

"God save thee, ancient Mariner!
From the fiends, that plague thee thus! —
Why look'st thou so?" — With my crossbow
I shot the ALBATROSS.

Kubla Khan[75)]

75) First published in 1816 with Christabel and "The Pains of Sleep" with the sub-heading: "Or, a Vision in a Dream. A Fragment." "Kubla Khan" was written probably in 1798, though Coleridge's own note says it was 1797. But controversy surrounds the date, the question as to whether the poem should be considered a complete whole or a fragment, its meaning, and the veracity of Coleridge's recollections. He states in his preface to the poem: "The following fragment is here published at the request of a poet of great and deserved celebrity [Lord Byron], and, as far as the Author's own opinions are concerned, rather as a psychological curiosity, than on the grounds of any supposed poetic merits. In the summer of the year 1797, the Author, then in ill health, had retired to a lonely farm-house between Porlock and Linton, on the Exmoor confines of Somerset and Devonshire. In consequence of a slight indisposition, an anodyne had been prescribed, from the effects of which he fell asleep in his chair at the moment that he was reading the following sentence, or words of the same substance, in 'Purchas's Pilgrimage': "Here the Khan Kubla commanded a palace to be built, and a stately garden thereunto. And thus ten miles of fertile ground were inclosed with a wall." The Author continued for about three hours in a profound sleep, at least of the external senses, during which time he has the most vivid confidence, that he could not have composed less than from two to three hundred lines; if that indeed can be called composition in which all the images rose up before him as things with a parallel production of the correspondent

In Xanadu did Kubla Khan
A stately pleasure dome decree:
Where Alph,[76] the sacred river, ran
Through caverns measureless to man
Down to a sunless sea,
So twice five miles of fertile ground
With walls and towers were girdled round:
And there were gardens bright with sinuous rills,
Where blossomed many an incense-bearing tree;
And here were forests ancient as the hills,
Enfolding sunny spots of greenery.

But oh! that deep romantic chasm which slanted
Down the green hill athwart a cedarn cover!
A savage place! as holy and enchanted
As e'er beneath a waning moon was haunted
By woman wailing for her demon lover!
And from this chasm, with ceaseless turmoil seething,
As if this earth in fast thick pants were breathing,
A mighty fountain momently was forced:
Amid whose swift half-intermitted burst
Huge fragments vaulted like rebounding hail,
Or chaffy gain beneath the thresher's flail:
And 'mid these dancing rocks at once and ever
It flung up momently the sacred river.

---

expressions, without any sensation or consciousness of effort. On awakening he appeared to himself to have a distinct recollection of the whole, and taking his pen, ink, and paper, instantly and eagerly wrote down the lines that are here preserved." "A person on business from Porlock" interrupted him and he was never able to recapture more than "some eight or ten scattered lines and images."

76) Derived probably from the Greek river Alpheus, which flows into the Ionian Sea. Its waters were fabled to rise again in Sicily as the fountain of Arethusa.

Five miles meandering with a mazy motion
Through wood and dale the sacred river ran,
Then reached the caverns measureless to man,
And sank in tumult to a lifeless ocean:
And 'mid this tumult Kubla heard from far
Ancestral voices prophesying war!

The shadow of the dome of pleasure
Floated midway on the waves;
Where was heard the mingled measure
From the fountain and the caves.
1t was a miracle of rare device,
A sunny pleasure dome with caves of ice!

A damsel with a dulcimer
In a vision once I saw:
It was an Abyssinian maid,
And on her dulcimer she played,
Singing of Mount Abora.[77]

Could I revive within me
Her symphony and song,
To such a deep delight 'twould win me,
That with music loud and long,
I would build that dome in air,
That sunny dome! those caves of ice!
And all who heard should see them there,
And all should cry, Beware! Beware!
His flashing eyes, his floating hair!
Weave a circle round him thrice,

---

77) Apparently a reminiscence of *Paradise Lost* 4.280-82: "where Abassin Kings their issue guard/ Mount Amara (though this by some supposed/ True Paradise) under the Ethiop line."

And close your eyes with holy dread,
For he on honeydew hath fed,
And drunk the milk of Paradise.[78)]

78) Lines 50ff. echo in part the description, in Plato's *Ion* 533–34, of inspired poets, who are "like Bacchic maidens who draw milk and honey from the rivers when they are under the influence of Dionysus but not when they are in their right mind."

6. 바이런적 영웅과 『돈 쥬안』의 희극성

1 바이런적 영웅

바이런(George Gordon, Lord Byron: 1788-1824)처럼 동시대 독자들의 마음을 사로잡은 시인도 드물 것이다. 천재적 재능, 가문과 재산, 빼어난 용모, 예기치 않게 찾아온 명성과 갑작스런 인기의 추락, 고국을 등진 유랑생활, 그리스 독립을 위한 자기희생적 헌신, 그러다 맞이한 영웅적인 죽음, 예측하기 어려운 도전적인 성격 등, 그 어느 하나 당대 독자들의 마음을 사로잡기에 부족함이 없었다. 그의 선조는 '노르만 정복 시대'(the Norman Conquest) 때 영국으로 건너와 헨리 8세로부터 자작 작위를 부여받은 뒤 뉴스테드 수도원(Newstead Abbey)을 사들여 거기에 정착했다고 한다. 조부는 해군제독이었는데 가는 곳마다 폭풍을 몰고 다녀 "폭풍의 사나이 잭"(Foul-weather Jack)이란 별명으로 불리었으며, "사악한 주인마님"(Wicked Lord)으로 통했던 숙부는 술을 마시다 홧김에 친구를 죽인 전력이 있고, 난봉꾼이던 부친은 두 번 결혼하여 두 부인의 재산을 순식간에 탕진해 버리고는 프랑스로 건너가 살다가 바이런이 세 살 때 세상을 떠난다. 가문의 그런 내력 탓인지 어려서부터 바이런은 자신을 어떤 불길한 운명이 덧씌워진, 그래서 거기서 헤어날 가망이라고는 없는 "숙명적인 인간"(homme fatale), 타인에게 치명적인 불운을 안겨 주는 인간으로 여기는 경향이 농후했다.

가문의 장손인 나이 어린 삼촌이 일찍 죽은 탓에, 열두 살 되던 해에 가문의 칭호와 재산을 상속받게 된 바이런은 귀족의 후예답게 명문사립학교 해로우(Harrow)를 거쳐 케임브리지 대학의 트리니티 칼리지(Trinity

College)에서 수학한다. 케임브리지 대학 시절부터 시를 썼으나 그에게 갑작스런 명성을 안겨 준 것은 대학졸업 후 스페인, 포르투갈, 알바니아, 그리스 등지를 여행하며 쓴 『차일드 해럴드 순례기』(Childe Harold's Pilgrimage: 1812)이다. 스펜서적 시형으로 일관하는 이 장편시는 "어느 날 잠에서 깨어보니 나 자신이 유명해져 있음을 알게 되었다"(I awoke one morning to find myself famous)라고 술회했을 만큼 예기치 않은 명성을 그에게 안겨 준다. 이는 물론 놀라운 이국(異國) 풍광(風光)과 풍속을 실감나게 보여주었기 때문이겠지만, 이뿐이라고 하기에는 이 시가 너무나도 큰 반향을 불러일으켰다. 사실 독자들의 폭발적인 반응을 이끌어낸 더 본질적인 요인은 바로 바이런이 창조한 작중 주인공에게 있었다. 모든 독자들이 바로 바이런 자신이라고 여긴 작중 주인공의 특이한 성격을 제쳐 두고는 이 작품의 성공을 설명할 수 없을 것이다.

이른바 "바이런적 영웅"(Byronic Hero)이라 불리게 된 모험의 주인공은 지적 능력이나 감정의 섬세함, 심지어는 고통을 이겨내는 능력에 이르기까지, 그 어느 누구보다 뛰어난 인물이었다. 세속의 쾌락에 진력이 난 그는 치유할 길 없는 슬픔을 마음속에 간직한 채, 안하무인의 오만한 자세로 여러 나라를 떠돌아다닌다. 자신의 거인적 열정에 어울리는 것은 드넓은 대양, 깎아지른 듯한 절벽, 알프스의 만년설 같은 대자연의 광활함뿐이라고 그는 믿고 있었다. 내면에 둥지를 튼 악마적 본성으로 인하여 주변 사람들에게 치명적인 불운을 안겨 주는 숙명적인 인간이건만, 그의 악마적 매력과 권위에 저항하거나 도전한다는 것은 감히 생각조차 할 수 없는 일이다. 그가 저지르는 죄악 자체가 바로 그의 탁월한 능력과 우월성을 드러내 보이는 단적인 증거가 된다. 그는 초인적 자부심과 불굴의 의지로 난관을 극복하면서 자신을 완벽하게 통제하는 모습을 보여주는데, 이런 과정에서 그는 야릇한 환희를 맛보며 비극적 황홀감에 깊이 젖어들기도 한다.[79]

바이런적 인간형은 이후 『코르세르』(Corsair), 『라라』(Lara), 『차일드 해럴드 순례기』(Childe Harold's Pilgrimage) III권, IV권, 『만프레드』(Manfred), 『카인』(Cain) 등 초기 작품들에서 더욱더 부풀려지고 발전해 나간다. 이 인간형은 18세기 후반기에 유행하던 '고딕 소설'(Gothic novel)의 주인공들과 프랑스 작가 샤토브리앙(Chateaubriand)의 소설에 등장하는 르네(Rene), 그리고 낭만기 작가들의 관점에서 본 사탄과 나폴레옹에서 그 전형을 찾아볼 수 있을 것이다. 바이런적 인간형을 다룬 작품들은 작품의 긴축성과 암시력을 중요시하던 20세기 독자들에게는 그 방만한 구성으로 인하여 별로 인기가 없었고, 바이런 자신도 그 같은 결함을 인정하면서 불만을 토로한 바 있다.[80)]

『차일드 해럴드』, 『카인』, 『만프레드』 같은 작품들이 당시 영국과 유럽대륙에서 폭발적인 인기를 누리게 된 데에는 여러 요인이 있겠으나, 프랑스혁명 이후 진보적 지식인들이 빠져든 정치적 절망감이 가장 큰 요인으로 작용했을 것이다. 청년시절 바이런은 나폴레옹의 열렬한 숭배자였고 그런 정서는 그를 비롯한 소수 지식인들에게만 국한된 현상은 아니었다. 오늘날의 관점에서 볼 때 나폴레옹은 히틀러나 다름없는 독재자이지만 1790년에서 1820년 사이 유럽의 진보적 지식인들에게 그는 민중을 억압과 압제로부터 해방시켜 줄 수 있는 유일한 인물로 추앙받는다.

나폴레옹이 "자유·평등·박애"라는 프랑스혁명의 이념을 명분으로 내세워 유럽 전역을 해방전쟁으로 몰아가던 이 시기에 영국에서는 문학사와 전쟁사의 측면에서 빛나는 업적들이 쏟아져 나오지만, 정치·사회적

---

79) David Perkins, "Introduction to Byron," in *English Romantic Writers* (New York: Harcourt Brace Jovanovich, Inc., 1967), 782.

80) W. H. Auden, "Introduction to Byron," in *The Selected Poetry and Prose of Byron*, A Signet Classic (New York: New American Library, 1966), vii. 『반지의 제왕』이나 『오즈의 마법사』 같은 '환상문학'이 폭발적인 인기를 누리는 21세기임을 감안할 때, 바이런적 주인공이 등장하는 작품들이 21세기 감각에 맞게 개작되어 독자들에게 제공된다면 선풍적인 인기를 누릴 수도 있을 것이다.

측면에서는 기득권세력의 독재와 억압이 더욱더 가중된다. 당시 정치권력은 자신들의 이익을 지키기에 급급한 귀족과 소수 부르주아들의 손에 장악되어 있었는데, 그들이 사회적 불만을 잠재우기 위해 선택한 방법은 교수형과 같은 가혹한 형벌과 구금이었다. 그뿐 아니라 탄광노동자와 공장노동자의 노동조건은 나치강제수용소를 방불케 하리만치 끔찍했고, 언론·집회·결사의 자유 또한 철저히 봉쇄된다. 그런 상황은 이후에도 개선될 기미를 보이지 않았다. 나폴레옹이 몰락한 뒤에도 보수주의자들의 반동적 억압은 오히려 그 도를 더해 갔다. 그러던 와중인 1819년에는 맨체스터의 세인트 피터스 광장(St. Peter's Field)에 모여든 군중에게 발포, 수많은 사람들을 학살하는 참상이 벌어지기도 한다. 그러므로 정치적·사회적 맥락에서 볼 때, 환상적 체험을 통해 암울한 현실을 잊어버리려는 심리 기제가 바이런적 영웅에 대한 지식인들의 열광을 이끌어 냈다고 말할 수 있겠다.

2 쥬안, 눈물바다의 선상에서

바이런적 영웅의 모험과 편력을 그린 초기시들은 작가의 경험 미숙과 진실성 결여, 그리고 허황된 포즈 등 많은 결함이 있다는 것이 오늘날 학자들 사이의 공통된 견해인 듯하다. 바이런이 그런 결함을 극복하고 자기 기질과 심성에 부합하는 문체를 개발하여 당대 현실을 복합적으로 보여주게 되는 것은 그가 영국을 등지고 이탈리아의 베네치아로 건너간 이후의 일이다. 귀치올리 백작부인(Countess Guiccioli)의 저택에 머물면서 그녀의 영향하에서 작품을 제작하던 1817년 후반기부터 그는 그때까지 사용해 오던 '스펜서적 연 모형'(Spenserian Stanza)을 과감히 파기하고 '8행시형'(ottava rima)이라 부르는 이탈리아풍의 희극적 연 모형을 매개로 『돈 쥬안』(Don Juan)의 세계를 펼쳐보이기 시작한다.[81] 내용과 완벽하게 부합하는 시형을 매개로 시인의 자아를 진술하면서도 코믹하게 투사하는

『돈 쥬안』의 빼어난 스타일을 두고 바우러(C. M. Bowra)는 다음과 같이 찬양해 마지않는다.

> In it [the technique] Byron speaks not in a slack version of the grand manner, but with the rich ebullience of his conversation and his incomparable letters. He uses the whole living language as he himself knew it and spoke it. It is wonderfully natural and unaffected, and the tone of the words responds with perfect ease to Byron's wayward moods. [...] The ottava rima with its easy progress is well adapted to story-telling, and the clinching couplet in each stanza gives excellent opportunities for epigram such as were denied by the Spenserian stanzas of Childe Harold. [...] They are so flexible that in them Byron's carelessness does not matter and indeed becomes a virtue, since it is part of his conversational manner. All kinds of elements pass easily into this style. It is equally suited to lyrical description and scurrilous satire, to sustained narrative and personal outbursts, to stately declamation and slapdash slang. The brilliantly ingenious rhymes keep it fresh and lively, and the sprightly, uninhibited movement of the stanzas is in perfect accord with the darts and flashes of Byron's mind.[82)]

그것[돈 쥬안의 기법]을 매개로 바이런은 장엄문체의 처진 방식이 아닌 활기넘치는 대화의 방식으로, 그리고 그 누구도 따를 수 없으리만치 빼어난 편지글 방식으로 발언한다. 그는 자신이 익히 알고 있던, 그리고 실제로 사용하던 살아 숨쉬는 언어를 구사하는 것이다. 그것은 너무나도 자연스러워 가식이라고는 없으며, 어조 또한 변덕스런

81) '스펜서적 연 모형'이란 엘리자베스기 시인 스펜서(Edmund Spenser)가 『요정여왕』(Faerie Queene)에서 줄곧 사용한 연 모형을 말한다. 이 시형은 완만한 속도의 사색적인 시에 어울리는 것으로 파노라마처럼 긴박하게 펼쳐지는 광경과 숨가쁘게 전개되는 주인공의 행동을 담기에는 부적합한 형식이다.

82) C. M. Bowra, *The Romantic Imagination* (Oxford: Oxford UP, 1969), 154.

기분과 완벽하게 호응한다. [...] 자연스럽게 진행되는 '8행시형'은 이야기 전개에 적합할 뿐만 아니라, 각 연을 매듭짓는 2행단위는 "차일드 해럴드"의 스펜서적 연 모형에는 허용되지 않던 경구적 표현의 기회를 매우 효과적으로 제공한다. [...] 그것[8행시형]은 매우 유연한 시형이어서 바이런의 방심(放心)은 문제가 되지도 않거니와, 방심은 그의 대화 방식의 일부이기에 오히려 미덕이 된다. 모든 요소들은 이 문체 속으로 쉽게 동화된다. 서정적인 묘사와 입 사나운 풍자, 일관성 있게 전개되는 이야기와 개인적인 감정 토로, 호언장담과 저속하기 짝이 없는 비속어의 사용, 그 모두에 이 문체는 너무나 잘 어울린다. 눈부시게 아귀가 들어맞는 각운으로 인해 이 시형은 참신하고 생동감이 넘쳐흐르며, 거침없이 경쾌하게 진행하는 연들의 운동은 일순간 눈부신 빛을 발하며 과녁을 명중시키는 바이런의 마음과 완벽하게 호응하는 것이다.

이 시에서 바이런은 스페인의 전설적 호색한(好色漢) '돈 환'을 주인공으로 설정하고 있기는 하지만, 그가 창조한 '돈 환'은 전설상의 인물과는 별로 상관이 없다. 순진하고, 붙임성 있고, 친절하고, 용모 또한 빼어난 쥬안은 어느 면에서는 바이런 자신이 내심 되고 싶어 했을 인간형인지도 모른다.[83] 침울하고 고집스러운 바이런적 영웅들과는 달리 그는 순진하고 명랑하며 사회적응력도 뛰어난 인물이다. 가톨릭교회 신자인 그는 해적의 소굴에서도, 터키 황제 후궁의 별장에서도, 짜르 궁전에서도, 영국의 장원 저택에서도 자연스럽게 잘 적응하며 사람들로부터 환대받는다.[84] 여성들과의 관계도 이전의 '돈 환'과는 다르다. 전설의 주인공처

83) Don Juan의 발음표기는 [don hwan] 즉 [돈 환]이어야 하지만 한국 영문학계에서는 [돈 쥬안]으로 굳어진 듯하니 이를 따르기로 한다. Lionel Trilling, *The Experience of Literature* : *Poetry*, 64쪽 각주 참조.

84) 해적은 기독교신을 저버린 인간으로, 오스만 터키의 아랍인은 알라신을 믿는

럼 적극적으로 여성에게 접근하고 감언이설로 유혹하여 그 여성을 파멸시키는 일은 없다. 오히려 쥬안 자신이 여성들로부터 유혹받는 경우가 대부분이며, 유혹에 순순히 따라주는 수동성과 함께 사근사근함과 붙임성이 특히 돋보인다.

그러나 이 시의 진정한 주인공은 쥬안이기보다는 오히려 바이런 자신이라고 보아야 한다. 시인 자신이 화자의 가면을 쓰고 이야기 중간에 지속적으로 끼어들어 사건의 진행을 가로막고 그 사건에 논평을 가하기 때문이다. 그러므로 이 시의 핵심 요소들은 이렇듯 줄기차게 머리를 들이미는 '끼어들기'(digressions)를 통해 그 모습을 드러낸다. 조지프(M. K. Joseph)가 조사한 바로는 그 같은 끼어들기는 시 전체의 30%에 이르며, 여성과 결혼시장에 대하여 논평을 가하는 12장의 경우는 70%를 훨씬 넘어선다고 한다.[85)]

나이 열여섯의 사춘기 소년 쥬안은 어머니 친구이자 젊은 나이에 돈 많은 노인의 아내가 된 도나 줄리아(Donna Julia)와 사랑에 빠지게 된다(그때 줄리아의 나이는 23세였다). 그들의 애틋한 사랑은 사회통념상 용납될 수 없는 것이었기에 이 한 쌍의 연인은 어차피 헤어져야 할 운명이었다. 그들의 사랑 행각이 세간에 알려지고 온 도시가 프라이팬에 콩 볶듯 시끌벅적 떠들썩해지는가 싶더니 결국 줄리아는 수녀원으로 보내지고 쥬안은 어머니의 강요성 배려로 사 년이란 긴 세월 동안 유럽 각지를 떠도는 신세가 된다. 그러면 여기에서는 배가 카디즈(Cadiz) 항구를 떠나 외국으로 향하는 항해 초입에 쥬안이 줄리아를 애타게 그리는 한편 심하게 뱃멀미에 시달리는 코믹한 장면을 보자.

이교도로, 제정러시아의 짜르 궁전 별채에 사는 후궁은 희랍정교회 신자로, 장원 저택에 사는 영국 귀족은 국교회 신자, 즉 개신교도로 이해하면 될 것이다. 따라서 가톨릭교도인 쥬안은 국가와 종파를 넘나들며 각양각색의 인간들에게 친화력을 과시하고 있는 것이다.

85) M. K. Joseph, *Byron, the Poet*. Auden's "Introduction," xx-xxi 에서 재인용.

8

But to our tale: the Donna Inez sent
  Her son to Cadiz only to embark;
To stay there had not answer'd her intent,
  But why? — we leave the reader in the dark —
'Twas for a voyage the young man was meant,
  As if a Spanish ship were Noah's ark,
To wean him from the wickedness of earth,
And send him like a dove of promise forth.

하지만 이제 우리 이야기로 돌아가자.
  도나 이네즈는 아들을 배 태워 떠나보낼 양으로
카디즈에 보냈는데, 거기 오래 머무르게 할 생각은 없었다.
  왜 그랬을까? — 독자여 어둠 속에서 추측해보기 바란다 —
이 젊은이를 위해 마련한 것은 어디까지나 항해일 뿐,
  사악한 대지의 풍만한 가슴에서 젖물림 떼어 내고
노아의 방주(舫舟)와도 같은 스페인 범선 태워
희망의 비둘기마냥 떠나보낼 참이었다.

9

Don Juan bade his valet pack his things
  According to direction, then received
A lecture and some money: for four springs
  He was to travel; and though Inez grieved
(As every kind of parting has its stings),
  She hoped he would improve — perhaps believed:
A letter, too, she gave (he never read it)
Of good advice — and two or three of credit.

쥬안은 시종에게 자기 지시대로 물건을 꾸리게 하고,
  오리엔테이션도 받고, 돈도 넉넉히 받아 챙겼다.

봄이 네 번 찾아오기까지 여행할 예정이었기에,
  이네즈는 뼈에 사무치도록 슬펐으나
(모든 이별에는 슬픔의 가시가 있는 법),
  아들이 나아질 것이란 희망을 저버리지 않았다,
아니 그렇게 믿었으리라. 훌륭한 충고의 편지도
  (물론 쥬안은 거들떠보지도 않았지만)
한 통 써주었다 — 두세 통의 추천서와 함께.

10

In the mean time, to pass her hours away,
  Brave Inez now set up a Sunday school
For naughty children, who would rather play
  (Like truant rogues) the devil, or the fool;
Infants of three years old were taught that day,
  Dunces were whipt, or set upon a stool:
The great success of Juan's education
Spurr'd her teach another generation.

그러는 동안에 멋쟁이 이네즈는 주일학교를 열었다,
  무료함 달래기 위해, 멍청이들을 위한 주일학교를.
고것들은 (무단결석 일삼는 개구쟁이들답게)
  악당놀이나 바보놀이에만 열을 올렸다.
그날은 세 살 난 젖먹이들을 가르쳤는데,
  멍청이들에게 회초리 맛 보이거나, 의자 위에 서 있게 했다.
쥬안의 교육이 엄청나게 성공을 거두었기에
다음 세대 교육하려는 열의가 분기탱천했던 것이다.

11

Juan embark'd — the ship got under way,

The wind was fair, the water passing rough;
A devil of a sea rolls in that bay,
As I, who've cross'd it oft, know well enough;
And, standing upon deck, the dashing spray
Flies in one's face, and makes it weather-tough:
And there he stood to take, and take again,
His first — perhaps his last — farewell of Spain.

쥬안은 배를 탔다 — 배는 미끄러져 나아가고
바람은 살랑살랑 물결이 뱃전에 부서진다.
여러 번 이 해협을 건너본 나 익히 알거니와,
이제 바다의 악마가 그 해협에서 요동치기 시작한다.
갑판 위에 서 있을 때면 물보라 덮치며 얼굴 때리고,
급기야는 날씨에 단련된 험상궂은 얼굴 만든다.
거기에 그는 서 있었다, 최초의 — 어쩌면 마지막이 될 —
작별을 조국 스페인에 고하고 또 고하기 위하여.

* * * * *

17

And Juan wept, and much he sigh'd and thought,
While his salt tears dropp'd into the salt sea,
"Sweets to the sweet"; (I like so much to quote;
You must excuse this extract, — 'tis where she,
The Queen of Denmark, for Ophelia brought
Flowers to the grave;) and, sobbing often, he
Reflected on his present situation,
And seriously resolved on reformation.

쥬안은 울고 수없이 한숨짓고 또 생각했다,
　소금눈물방울은 소금바다 속으로 떨어져 내리고.
"달콤한 이에겐 달콤한 것을." (나 인용하는 거 너무 좋아해.
　이 발문(跋文) 용서하시기를 — 이건 덴마크 여왕이
오필리아의 무덤에 꽃을 바치는 장면이지.)
　그는 여러 번 흐느껴 울며, 곰곰이 생각해 보았다,
현재의 상황에 대하여. 그리고 진지한 마음으로
　개과천선(改過遷善)을 다짐했다.

18

"Farewell, my Spain! a long farewell!" he cried,
　"Perhaps I may revisit thee no more,
But die, as many an exiled heart hath died,
　Of its own thirst to see again thy shore;
Farewell, where Guadalquivir's waters glide!
　Farewell, my mother! and, since all is o'er,
Farewell, too, dearest Julia! — (here he drew
Her letter out again, and read it through.)

"안녕히, 나의 조국 스페인아! 오랫동안 그대 모습 볼 수 없으리!"
　"그대 해안 보고픈 갈증에 시달리다가
추방된 이들이 이국땅에서 수없이 죽어갔듯이,
　다시는 나 그대 모습 보지 못하고 죽을지도 모르리.
잘 있거라, 과달퀴비르 물결 미끄러져 흐르는 곳!
　잘 있어예, 나의 오마니! 그리고 이제 모든 게 끝났으니,
내 사랑 줄리아, 그대 또한 안녕히! — (이 시점에서 그는
그녀의 편지를 다시 꺼내어 꼼꼼히 끝까지 읽어본다.)

19

And oh! if e'er I should forget, I swear —
But that's impossible, and cannot be —
Sooner shall this blue ocean melt to air,
  Sooner shall earth resolve itself to sea,
Than I resign thine image, oh, my fair!
  Or think of anything, excepting thee;
A mind diseased no remedy can physic —
(Here the ship gave a lurch, and he grew sea-sick.)

아! 나 잊는다면, 맹세컨대 — 그건
  있을 수 없는 일이고, 있어서도 안 되는 일 —
그럴진대 이 푸른 바다는 녹아내려 공기가 되고,
  그럴진대 육지는 바다와 합쳐져 하나 되리라,
나 그대 모습 까먹거나, 오 내 사랑!
  그대 말고 다른 처자 생각한다면.
병든 마음 치료해줄 약은 없나니 —
(이 시점에서 배가 기우뚱, 그는 뱃멀미를 하기 시작한다.)

20

Sooner shall heaven kiss earth — (here he fell sicker)
  Oh, Julia! what is every other woe? —
(For God's sake let me have a glass of liquor;
  Pedro, Battista, help me down below.)
Julia, my love — (you rascal, Pedro, quicker) —
  Oh, Julia! — (this curst vessel pitches so) —
Beloved Julia, hear me still beseeching!"
(Here he grew inarticulate with retching.)

하늘은 대지와 입맞춤하고 — (그의 뱃멀미가 더 심해진다)
  오, 줄리아! 이보다 더한 슬픔 어디 있으리?

(제발 물 한잔 다오. 페드로, 바띠스따,
  날 아래로 부축해 달라니까)
내 사랑 줄리아 — (이 자식, 페드로, 뭘 꾸물대는 거야) —
  오, 줄리아! — (이 망할 놈의 배는 잘도 처박는구나) —
사랑스런 줄리아, 언제나 변함없는 내 사랑 받아주오!"
(이제 구역질로 그의 말은 목구멍에서만 맴돈다.)

21

He felt that chilling heaviness of heart,
  Or rather stomach, which, alas! attends,
Beyond the best apothecary's art,
  The loss of love, the treachery of friends,
Or death of those we dote on, when a part
  Of us dies with them as each fond hope ends:
No doubt he would have been much more pathetic,
But the sea acted as a strong emetic.

그는 저 싸늘하고 무거운 심장 박동을 느낀다,
  아니 오히려 위장의 뒤틀림을. 그것은 아!
최고급 약사의 기술로도 치유할 길 없는
  사랑의 상실, 친구의 배반, 사랑하는 이의 죽음과
함께 찾아오고, 어리석은 희망이 끝날 때면
  우리 몸의 그 부분도 더불어 죽어간다.
아마도 그는 이보다 훨씬 더 애처로워 보였으리라,
바다가 강력한 구토제로 작용하지 않았던들.

인용된 시편들을 읽어보면 바이런과 다른 낭만시인들 간에는 상당한 차이가 있음을 금방 알아차릴 수 있을 것이다. 무엇보다도 블레이크, 워즈워스, 콜리지 모두가 감각현상의 배후에는 신성한 진리가 존재하며 인간은 상상력을 통해 그 진리에 다가갈 수 있다는 믿음을 지니고 있었다. 이 점에서도 바이런은 언행으로 보나 실제 작품으로 보나 낭만적 기풍과는 거리가 멀다. 그는 『돈 쥬안』 이전에 쓴 자신의 시를 포함, 동시대 시인들의 작품 모두가 시의 정도(正道)에서 이탈해 있다고 생각하였다. 조지 크랩(George Crabbe)과 같은 신고전주의 전통을 따르는 시인들이 없었던 것은 아니지만 드라이든이나 포프와 비교해 볼 때 그들은 기껏해야 아류에 불과한 존재로 폄하된다.

바이런의 미학적 신조는 다른 시인들의 경우처럼 시작(詩作)에 도움을 줄 수 있는 몇몇 실질적 규범들로 구성되고, 또 거기에는 자신이 낭만적인 시를 쓸 수 없게 된 것에 대한 자기정당화의 측면도 포함되어 있다. 드라이든과 포프에 대한 바이런의 존경심은 그들이 '현실주의자' 또는 '현세중심주의자'(realist)라는 사실에서 비롯된다. 환상적인 분위기와 배경 속에서 흐릿하게 움직이는 가공의 인물을 창조하려고 애쓰는 대신 그들은 현실세계에서 언제고 직접 마주칠 수 있는 인간과 사물을 보여주기 때문이다. 신고전주의 시인들처럼 바이런의 관심사는 어디까지나 정치적·사회적 동물로서의 인간이다. 남자와 여자들은 무엇을 어떻게 생각하고, 느끼고, 행동하는 것일까? 그리고 그들의 언행의 이면에는 어떤 동기가 은폐되어 있으며, 자신들의 언행을 정당화하기 위해 무엇을 생각하고 어떤 식으로 행동하는가? 자연과의 관계에 대해서도 마찬가지다. 이와 같은 질문의 연속선상에서 자연을 바라보기에 자연을 신비화하는 법 없이, 있는 그대로 보여주는 것으로 충분하다고 바이런은 생각했다.

3 익살희극으로서의 『돈 쥬안』

바이런의 천재성은 본질상 희극적 천재성이다. 그러기에 『돈 쥬안』의 시풍은 '풍자적'(satirical) 성격보다는 '희극적'(comic) 또는 '익살희극적'(burlesque) 성격이 강하다.[86] 오든(W. H. Auden)도 지적한 바 있듯이,

시인으로서 그의 인생역정은 자신의 성격과 기질에 부합되는 스타일을 발견하고 그것을 완성하는 방향으로 나아간다(xi). 드라이든과 포프에 대한 존경심이 그를 '영웅시형'(heroic couplet)으로 이끌었으나 머지않아 그는 이 딱딱하고 균형 잡힌 시형이 자기에게는 적합지 않다는 사실을 인식하게 된다. 그에게 필요한 시형은 그의 기질에 맞는, 좀 더 유연하고 코믹한 시형이어야 하는데 그는 그것을 이탈리아의 '8행시형'(ottava rima)에서 발견한다.

풍자가 인간과 사회를 개선하려고 하는 데 반해, 희극은 현실을 있는 그대로 수용하고 너그럽게 보아 넘기려 하는 경향이 있다. 풍자는 개인이나 집단이 사회규범에서 벗어나는 행동을 할 경우 이를 교정하려고 노력하지만, 희극은 인간이면 누구나 빠져들게 마련인 환상과 자기기만의 국면을 다소 과장되게 보여줌으로써 현실을 정확하게 인식하도록 유도한다. 따라서 희극이 보여주고자 하는 것은 개인이나 집단을 넘어선 사회 전체의 총체적인 모습이다. 공격의 대상을 올바른 방향으로 이끌 수 있다고 생각한다는 점에서 풍자가 낙관주의적이라면, 인간 본성이 바뀔 수 없다고 보고, 현상을 있는 그대로 받아들인다는 점에서 희극은 비관주의적이라 말할 수 있겠다.

생물학적 조직체로서의 인간 역시 동물들처럼 배고픔이나 성욕 같은 비인간적 욕망에서 벗어날 수 없다. 또한 인간은 가정환경이나 경제적·사회적 조건과 같은 우연(偶然)의 지배를 받게 마련이다. 우연에 의해 주어진 특정 사회집단 속에서 인간은 그 집단의 행동양식과 사고방식과 윤리의식에 영향을 받으며 정치·사회 조직의 일원으로 살아간다. 그뿐 아니라 인간은 타인과 구별되는 '나'로서 스스로 생각하고 행동하고 결과에 책임지는 삶을 살지 않으면 안 된다. 고귀하고 영웅적인 행위와 비열하고 타락한 행위들 중 어느 하나를 선택해야 하는 것이다. 그런데 인간의 이

86) Lionel Trilling, *Experience of Literature: Poetry*, 70-73.

세 측면은 언제나 충돌하고 어긋나기 마련이기에, 균형을 상실한 인간은 우스꽝스런 모습을 보일 수밖에 없다. 기도하는 도중에 사모하는 연인의 얼굴이 느닷없이 눈앞에 어른거려 신심을 흐려놓는가 하면, 연인을 생각하며 애태우는 순간에도 갑자기 생맥주 한잔 하고 싶은 충동에 사로잡히기도 하는 것이다.

『돈 쥬안』에서 바이런이 줄기차게 폭로하며 즐기는 것은 이렇듯 모순에 찬 인간의 모습이다. 그렇다고 그가 모든 사랑은 성욕의 표현이고, 모든 선행은 그럴싸한 가식이며, 영웅적 행위라는 것도 따지고 보면 야망의 변형된 모습일 뿐이라는 식의 냉소적 태도를 일관되게 견지하는 것은 아니다. 바이런의 주된 공격 대상은 그가 '위선'(cant)이라 이름 붙인 언행들로, 정욕과 탐욕, 출세지향, 유명해지고 싶은 욕구와 같은 세속적인 욕망들은 나와는 상관없는 일이고 나는 언제나 고결하고 순수하다고 생각하는 데서 비롯되는 인간 공통의 약점이다. 그는 그것을 적나라하게 드러내 보여준다.

위에 인용한 시편들에서도 바이런은 견실한 현실주의의 바탕 위에서 이네즈와 쥬안의 내면세계를 익살스럽게 보여주고 있다. 익살스럽게 보여준다고 해서 낭만시인들이 소중하게 여기는 가치, 인간의 숭고한 감정이나 고귀한 열망들이 부정되는 것은 아니다. 오히려 바이런의 목표는 그러한 가치들을 적절한 맥락 속에 배치하여 장점과 단점을 동시에 보여줌으로써 그 가치들을 온당하게 평가하려는 데 있다. 사랑, 명예, 자유, 자연과 같은 낭만시인들이 즐겨 다루는 주제들을 다룰 때 바이런은 재기 넘치는 언어와 반어적 표현을 통해 그 주제들이 안고 있는 취약성과 자기모순을 폭로한다. 워즈워스나 셸리 같은 시인이 상상력을 최대한 발현할 때 그들은 너무나 진지한 나머지 유머감각이 머리를 쳐들 겨를이 없다. 바이런의 경우는 정반대 방향에서, 즉 방심과 여유로부터 우러나는 유머감각을 통해 그가 다루는 상황에 새로운 국면과 진실성을 부여한다. 위에 인용한 시편들에서도 이네즈와 쥬안의 생각과 감정의 추이는 각 연의 초반부에서는 진지하고 고상하게 전개되다가 연의 후반부, 특히 마지막 2행단위에 오면 '점강법'(漸降法: anticlimax)으로 처리되어 완전히 역전되고 있음을 알 수 있다.

그러므로 찬양하고 싶은 기분과 조롱하고 싶은 기분이 시인의 마음속에 병존하는 가운데 인간과 세계에 대한 새로운 관점과 전망이 구축된다. 시인으로서의 바이런은 찬양이나 숭배와 관련된 감정을 한껏 발휘하고 싶지만, 사회인으로서의 바이런은 사람들이 자기의 그런 감정을 감상적이라며 비웃을지도 모른다는 두려움에 사로잡힌 나머지, 상황을 희극적으로 또는 반어적으로 처리함으로써 선수를 쳐 기선을 제압한다. 그 같은 자세는 자기방어적 측면에서 비롯된 것일 수도 있겠으나 세계를 바라보는 복합적 관점이 더 큰 요인일 것이며, 『돈 쥬안』이 오늘날에도 높이 평가받을 수 있는 것은 그처럼 복잡하게 얽힌 생각과 감정의 결을 박진감 넘치는 필치로 탁월하게 재현해 놓았기 때문이다.

Supplementary Reading

She walks in beauty[87]

She walks in beauty, like the night
Of cloudless climes and starry skies;
And all that's best of dark and bright
Meet in her aspect and her eyes;
Thus mellowed to that tender light
Which heaven to gaudy day denies.

One shade the more, one ray the less,
Had half impaired the nameless grace
Which waves in every raven tress,
Or softly lighters o'er her face;
Where thoughts serene sweet express
How pure, how dear their dwelling-place.

And on that cheek and o'er that brow,
So soft, so calm, yet eloquent,
The smiles that win, the tints that glow,
But tell of days in goodness spent,
A mind at peace with all below,

87) One of the lyrics in *Hebrew Melodies* (1815), written to be set to adaptations of traditional Jewish tunes by the young musician Isaac Nathan. Byron wrote the lines the morning after he had met his beautiful young cousin, by marriage Mrs. Robert John Wilmot, who wore a black mourning gown brightened with spangles.

A heart whose love is innocent!

When we two parted

When we two parted
In silence and tears,
Half broken-hearted
To sever for years,
Pale grew thy cheek and cold,
Colder thy kiss;
Truly that hour foretold
Sorrow to this.

The dew of the morning
Sunk chill on my brow —
It felt like the warning
Of what I feel now.
Thy vows are all broken,
And light is thy fame;
I hear thy name spoken,
And share in its shame.

They name thee before me,
A knell to mine ear;
A shudder comes o'er me —
Why wert thou so dear?
They know not I knew thee,
Who knew thee too well —
Long, long shall I rue thee,
Too deeply to tell.

In secret we met —
In silence I grieve,

That thy heart could forget,
Thy spirit deceive.
If I should meet thee
After long years,
How should I greet thee? —
With silence and tears.

So, we'll go no more a roving

So we'll go no more a roving
So late into the night,
Though the heart be still as loving,
And the moon be still as bright.

For the sword outwears its sheath,
And the soul wears out the breast,
And the heart must pause to breathe,
And Love itself have rest.

Though the night was made for loving,
And the day returns too soon,
Yet we'll go no more a roving
By the light of the moon.

7. 신화창조의 깊은 진실: 셸리의 「서풍의 송시」

1 급진적 개혁주의자

『프로메테우스의 해방』(Prometheus Unbound: 1818-1819)에 붙인 서문에서 셸리(Percy Bysshe Shelley: 1792-1822)는 "교훈이 담긴 시"(didactic poetry)를 혐오한다고 공언했으나[88] 영국 낭만시인 가운데 셸리처럼 관념적인 시인도 드물 것이다. 『이슬람교도들의 봉기』(The Revolt of Islam: 1817)를 쓰게 된 동기를 밝히는 서문에서 그는 "자유주의적이고 포괄적인 윤리의 관점에서, 그리고 독자들의 가슴속에 자유와 정의의 불길을 당긴다는 생각에서, 시를 구성하는 본질적 요소들을 모두 다 동원하려 했음"을 천명한 바 있다.[89] 셸리의 여러 측면들 중에서도 독자들의 관심을 가장 많이 끄는 것은 혁명시인으로서의 셸리이다. 그는 한 국가의 구성원을 지배자와 피지배자로 갈라놓은 정치·사회·종교 제도의 부도덕성과 부당성에 누구보다도 분개했던 시인이다. 옥스퍼드 대학 시절 그는 그 같은 정치적·사회적 모순의 시정을 위해 지배계급을 맹렬히 공격하다가 퇴학까지 당하며, 나중에는 조국을 등지고 이탈리아의 플로렌스(Florence)

---

88) "Didactic poetry is my abhorrence." *The Selected Poetry and Prose of Shelley, ed.* and introduction by Harold Bloom (New York: The New American Library, 1966), 124.

89) "I have sought to enlist [⋯] all those elements which essentially compose a poem, in the cause of a liberal and comprehensive morality; and in the view of kindling within the bosoms of my readers a virtuous enthusiasm for [⋯] liberty and justice." *The English Romantic Poets*, ed. and introduction by Marius Bewley, 730.

로 건너가 살다가 피사(Pisa) 근처의 어느 해안에서 29세의 젊은 나이로 익사하는 불운을 맞는다. 산 테렌조(San Terenzo) 해안에서 헌트(Leigh Hunt)와 함께 셸리의 화장을 지켜본 바이런은 나중에 존 머레이(John Marray)에게, "당신들 모두 셸리를 정말 잘못 이해하고 있었지요. 그는 내가 아는 사람들 가운데서 최상의 인간이며, 가장 덜 이기적인 사람이었습니다. 그와 비교해 볼 때 짐승 같지 않은 사람을 나는 알지 못합니다." 라고 써 보낸 바 있다.[90]

지금 이 시점에서 2세대 낭만시인들(바이런, 키츠, 셸리, 해즐릿, 헌트)이 활동하던 당시 영국의 정치적·사회적 상황을 간략하게나마 점검해 보는 것이 셸리를 이해하는 데 도움이 될 것 같다. 영국이 프랑스와 전쟁을 하던 1810년을 전후한 시기, 심지어는 나폴레옹이 세인트 헬레나(St. Helena) 섬에 유배된 1815년 이후에도 진보적 지식인들에 대한 영국 정부의 탄압은 좀처럼 완화되지 않았다. 나폴레옹전쟁 기간 동안 유럽 전역으로 급격히 확산된, '구체제'(ancient regime)와 지배계급에 대한 민중의 적개심은 나폴레옹의 몰락으로 일단 수면 아래로 가라앉았지만, 언제 다시 폭발할지 모른다는 것이 당시 지배계급의 생각이었다. 그러므로 기득권세력은 노동자나 일반 시민 두셋만 모여도 수상쩍게 바라보았고, 출판물에 대해서는 엄격한 검열을 실시하였다.

나폴레옹전쟁 이후 영국민중의 불만은 편의상 정치적 측면과 사회적 측면으로 나누어 생각해 볼 수 있다.[91] 정치적 불만은 주로 부르주아계급의 불만이었다. 그들은 산업혁명 과정에서 부를 축적하여 새로운 계급으로 부상했으나 당시만 해도 참정권은 귀족계급의 독점물이었기에 그들은 국가 운영에서 배재된 채 자신들의 목소리를 낼 수 없었다. 대의기구인

---

90) "You were all brutally mistaken about Shelley, who was, without exception, the best and least selfish man I ever knew. I never knew one who was not a beast in comparison." Marius Bewley, 729에서 재인용.

91) John Garrett, *English Poetry Since The Sixteenth Century*, 133-134.

의회를 개혁해야 한다는 목소리는 요란했으나 부르주아계급의 요구가 받아들여져 선거법에 반영된 것은 1832년의 제1차 개혁법안(the First Reform Act)에 의해서이다.

사회적 불만은 좀 더 복잡한 양상을 띠고 전개되면서 영국사회를 불안한 상태로 몰아넣고 있었다. 한때 "한 사람에게 한 표를"(one man, one vote)이란 구호로 민중을 포섭하여 자신들의 대열에 동참케 했던 부르주아계급은 자신들의 목표가 개혁법안을 통해 달성되자 옛 동지들에게 등을 돌린다. 1830년대 말부터 발생하여 1840년대에 영국 전역으로 확산된 '인민헌장 운동'(Chartist Movement: 1838-1848)은 노동계급이 자신들의 입장을 대변해 줄 대표자를 의회로 보낼 수 없었던 것에 대한 불만의 표시였다. 하지만 노동계급의 정치적 발언과 관련된 문제는 1830년대 이후에 와서야 첨예하게 나타나기 시작하며, 1810-1820년대에는 뼈를 깎는 굶주림에서 벗어나는 일이 시급하게 해결되어야 할 과제였다.

이 같은 정치적·사회적 맥락을 염두에 두고 이 장에서는 우선 "함께 더불어 잘사는 나라"를 꿈꾸는 셸리의 이상주의가 기득권세력의 폭압에 저항하는 모습을 「1819년 영국」(England, 1819)이란 소네트를 통해 살펴보자. 셸리의 이상주의는 현실의 완강한 벽에 부딪히자 내면화의 길을 걷지 않을 수 없게 되며, 그 과정에서 그의 이상주의는 우주적 차원으로 승화되어 보편성을 획득한다. 세계를 해석하고 세계를 변화시킬 수 있는 이념체계를 구축함에 있어 그는 기존의 신화체계를 자신의 의도에 맞게 변형·재창조하는 방향으로 활로를 모색한다. 그런 맥락에서 볼 때 「서풍의 송시」(Ode to the West Wind)는 내면화된 이상주의가 새로운 신화의 틀 내에서 탁월하게 재현된 것으로 볼 수 있다.

2 '피털루 대학살'과 「1819년 영국」

나폴레옹전쟁이 끝난 뒤 영국의 노동시장은 전쟁터에서 돌아온 퇴역군인들을 수용할 아무런 준비도 되어있지 않았다. 더구나 지주들을 보호하기 위해 제정된 '곡물법'(Corn Law: 1815)은 값싼 외국 밀의 수입을 제한함으로써 자영농 가장(家長)의 가족부양 능력까지도 박탈해 버린다. 그래서 1819년경에는 수많은 서민들이 실업과 기아의 공포에 시달려야 했다. 그러던 중 공업도시 맨체스터에서는 노동자들이 성 베드로 광장(St. Peter's Field)으로 몰려가 자신들의 생존권을 주장하게 된다. 이때 전쟁터에서 돌아온 군인들은 모여든 군중들을 향해 총을 겨누고 무참하게 살육을 자행함으로써 4년 전 유럽대륙에서 얻은 명성을 하루아침에 퇴색시켜 버린다. 워털루 전투를 승리로 이끌었던 역전의 용사들이 '피털루 대학살'(Peterloo Massacre)의 주구(走狗)로 전락한 것이다. 이 사태를 지켜본 셸리는 프랑스와의 전쟁에서 승리한 군인들의 정신구조와 국내에서 만행을 저지르는 그들의 정신구조는 동전의 양면처럼 동일한 이념체계, 동일한 사회체제에서 비롯된 것으로 보고 기득권세력을 통렬하게 탄핵한다.

An old, mad, blind, despised, and dying king;
Princes, the dregs of their dull race, who flow
Through public scorn — mud from a muddy spring;
Rulers who neither see, nor feel, nor know,
But leech-like to their fainting country cling,
Till they drop, blind in blood, without a blow;
A people starved and stabbed in the untilled field;
An army, which liberticide and prey
Makes as a two-edged sword to all who wield;
Golden and sanguine laws[92] which tempt and slay;
Religion Christless, Godless — a book sealed;
A Senate — Time's worst statute unrepealed,[93] —
Are graves, from which a glorious Phantom may

---

92) Laws bought with gold, and leading to bloodshed.

93) The law imposing disabilities on Dissenters and Roman Catholics.

Burst to illumine our tempestuous day.

늙고 미치고 눈멀고 경멸받으며 죽어가는 왕.
민중의 비웃음 속에 흘러가는 왕자들 — 진흙탕 샘에서
솟아난 흙탕물, 따분한 종족의 찌꺼기들.
기진한 나라에 거머리처럼 달라붙어
보지도 느끼지도 알지도 못하는 지배자들,
피에 눈먼 그들은 후려치지 않아도 조만간 땅바닥에 떨어진다.
방치된 들판에서 굶주림에 시달리며 칼에 찔려 죽어가는 민중들.
자유를 압살하며 먹이를 구하는 군인들,
그들이 휘두르는 칼은 모두가 양날 돋친 칼이다.
유인한 뒤 살인을 일삼는 황금빛 검붉은 법령들.
그리스도도 하느님도 존재하지 않는 종교 — 봉인된 성경.
상원 — 그것은 폐기되지 않은, 시대의 악독한 사생아, —
모두가 무덤들, 그로부터 영광스런 환영(幻影)이 분출하여
휘몰아치는 폭풍의 시대를 비추리라.

이 시는 외면상 소네트형식을 취하고 있으나 셸리의 자유분방한 정신을 반영하듯 각운구조에서나 반복과 발전을 보이는 시의 흐름 측면에서나 기존의 형식에 구애됨이 없이 나름대로 독특한 형식을 만들어내고 있다(Garrett, 137-139). 시 전체가 하나의 문장으로 되어 있고, 처음부터 12행까지는 시종일관 감탄사가 나열되다가 13행에 와서야 주어부를 이어받는 짧은 서술어 "are graves"가 모습을 드러낸다. 그렇게 함으로써 그때까지 축적되어 온 주어부의 모든 요소들은 일거에 무너져 내리면서 폐허가 되는 느낌을 주는 것이다. 이 같은 폐허에서 세계를 변화시키는 혁명정신이 "영광스런 환영"의 모습으로 용암처럼 분출하여 "휘몰아치는 폭풍의 시대를 비추리라"고 시인은 선언한다. 접속사와 관계사의 과감한 생

략을 통해 체제의 모순이 중첩적으로 쌓아올려진 결과 마지막 행에 이르면 분노의 감정은 극에 달한다. 이와 같은 점층적 누적 구조는 경멸적 의미의 형용사가 다섯 개나 나열되고 난 뒤에야 경멸의 대상인 조지 3세를 등장시키는 1행에서 이미 확정되고 있다.

예로부터 군주의 노쇠와 부패와 질병은 국가 전체를 황무지 상황으로 몰아넣는 계기가 된다고 사람들은 믿어 왔다. 이 시에서도 조지 3세의 노쇠와 정신착란은 신하들의 부패로 이어진다. 신하들이 민중에게 봉사하기는커녕 사리사욕을 채우는 데에만 급급한 나머지 사회 전체가 와해될 지경이 된다. 조지 3세의 뒤를 이어 국가를 통치하게 될 후계자도 공적인 의무감이란 찾아볼 수 없는, 방종하기 그지없는 자이다.[94] 1714년부터 영국을 지배하게 된 이 하노버 왕가는 무미건조한 게르만족의 혈통을 이어받기도 했거니와 영국 통치 초기의 활력이라고는 찾아볼 수 없고 쓰레기 같은 자들만 남아 있다는 것이다. 다음 3행에서는 지배계급 전체를 향한 저주가 이어진다. 영국 귀족들은 민중의 아픔을 보지도 느끼지도 못한다. 그들은 거머리처럼 민중에 기생하며 민중의 피를 빨아먹다가 너무나 배가 부른 나머지 후려치지 않아도 절로 땅바닥에 떨어져 죽게 마련인 자들이다. 이어서 6행에서는 사회적 불평등의 희생자들에게 눈을 돌린다. 지배계급이 의무를 소홀히 하고 민중의 피를 빠는 데에만 급급하기에 들판은 폐경지로 방치된다. 지배계급의 주구 노릇을 하는 군인들은 생존권을 위해 모여든 민중을 무참하게 짓밟고 살육까지 자행한 '피털루 학살'의 장본인들이 아닌가. 그들은 민중의 자유를 억압한 대가로 지배계급이 수탈한 먹이의 일부를 배당받지만 그들이 휘두르는 칼은 양날 돋친 칼이다. 언젠가 그들은 한층 더 식욕을 돋우는 먹이로 전락한 주인에게 그 칼을 들이댈 것임이 뻔하기 때문이다.

---

94) 이 왕자는 당시 섭정직을 맡고 있던 웨일즈 황태자(Prince Regent)로, 나중에 조지 4세로 왕권을 이어받도록 예정되어 있었다.

영국의 법은 어떻게 운용되고 있는가? 셸리는 법의 운용 실태를 "황금색"(golden)과 "검붉은 색"(sanguine)이란 색채 이미지를 통해 간명하게 보여준다. 법 집행의 "황금률"은 어느 한쪽 편에 치우치는 일이 없이 중용을 따르는 데 있다. 그런데 원래 희망의 색으로 통하는 "검붉은 색"은 타락한 황금색으로 변질되어 민중을 수탈하는 착취구조에 기여하고 있음을 알 수 있다. 종교의 경우도 예외일 수는 없는 것이, 성경말씀은 굳게 봉인되어 어느 누구도 그 내용에 이의를 제기할 수 없다. 사람들은 국가종교 교단이 정한 한 가지 교리만을 따라야 하는 것이다. 온갖 금기를 만들어 민중의 자유와 기쁨을 박탈하는 종교를 블레이크가 오래전에 「사랑의 정원」(Garden of Love)에서 고발한 바 있듯이, 셸리도 영국의 국가종교는 억압구조의 핵심에 위치한다고 보는 것이다. 대의기구인 의회도 기득권자들만으로 구성되어 있기에 시대착오적인 법령을 철폐하기는커녕 민중의 요구를 외면한 채 자신들을 포함한 소수지배집단의 이익을 지키기에 급급할 뿐이다.

12행에 이르기까지 중첩적으로 누적된 사회구조의 모순은 13행 전반부에서 "무덤"(graves)이란 짧은 서술어로 요약된다. 이어서 이 서술어를 보완하는 부가절에서 희망의 빛이 혁명을 암시하는 '영광스런 환영'(a glorious Phantom)의 모습으로 폭발한다. 14행 첫 음절에 배치된 "Burst"에 강력한 강세가 주어지고, 또 "Burst"의 [b]와 "tempestuous"의 [p]의 호응을 통한 파열음의 강화로 인하여 "분출, 폭발"의 의미는 더욱 강화된다. 하지만 과거의 폐허로부터 분출하는 혁명의 환영은 가능성으로만 존재할 뿐, 현실로 이어질지는 확실치 않다. 마지막 2행의 폭발적인 희망의 메시지에도 불구하고 앞서 누적된 암울한 분위기로 인하여 "사회정의"(social justice)가 구현되는 "새 세상"(new world)은 어디까지나 가능성으로만 남아있다고 하겠다.

3 '나-그대'의 관계

「1819년 영국」에는 피털루 학살 사건으로 촉발된 지배계급에 대한 분노가 시종일관 직설적으로 표현되고 있다. 하지만 변혁에 대한 셸리의 열망이 반드시 사회변혁의 범위로 국한되는 것은 아니다. 셸리는 옥스퍼드 대학에 입학한 지 얼마 되지 않아 「무신론의 필연성」(The Necessity of Atheism: 1811)이란 글을 팸플릿 형식으로 작성하여 동료학생들에게 유포한다. 이 사실을 접한 대학당국은 입장 철회를 강요하지만, 셸리가 이를 끝까지 거부하자 대학당국은 그를 퇴학 처분하여 대학에서 쫓아낸다. 그런 사태가 발생하는 와중에 셸리는 최초의 장편시 『맵 여왕』(Queen Mab: 1813)을 쓰게 되는데, 그 무렵 그는 "필연의 법칙"(the law of Necessity)을 신봉하는 합리주의자이자 자유와 정의가 구현되는 사회를 꿈꾸는 개혁주의자였고, 또 플라톤에 심취한 이상주의자이기도 하였다. 현실개혁의 의지와 이상사회의 꿈은 동전의 양면과도 같은 것이다. 사회변혁을 향한 셸리의 꿈은 기득권세력의 강력한 벽을 실감하며 이탈리아로 건너간 뒤(1818)에는 내면화의 길을 걷게 된다. 인간성의 전반적 갱생 없이는 사회개혁의 꿈도 무망할 수밖에 없다는 결론에 도달하는 것이다. 이러한 맥락에서 사회변혁의 꿈과 인간성의 전반적 갱생이라는 셸리의 두 측면이 동전의 양면처럼 결합되어 재현된 시가 바로 그 유명한 「서풍의 송시」(Ode to the West Wind)이다.

워즈워스의 「틴턴 수도원」(Tintern Abbey)이 『서곡』(The Prelude)의 축소판이라면 「서풍의 송시」는 『프로메테우스의 해방』(Prometheus Unbound)의 축소판이라 할 만하다. 사실 이 시는 『프로메테우스의 해방』이 집필된 1819년에, 특히 예언적 성격이 가장 강한 3막과 거의 동시에 쓰여진 것으로 알려져 있다. 이 시와 관련하여 셸리는 플로렌스 근처 아르노(Arno) 계곡에서 구상되고 또 대부분 쓰였다면서 서풍의 특성을 이렇게 기술한 바 있다. "그날은 온화하면서도 활기 넘치는 세찬 바람이 가을의 폭우를 쏟아붓게 될 수증기들을 모아들이고 있었다. 황혼 무렵, 예상했던 대로, 우박과 폭우가 뒤범벅이 된 엄청난 폭풍이 키잘핀 지방 특유의 천둥번개를 동반하고는 휘몰아치기 시작하였다."[95] 키잘핀 지방에 일년 내내 부는 서풍들 중에서도 셸리가 관찰하고 경험한 서풍은 가을이 끝나갈 무렵 우기가 다가오고 있음을 알리는, 습기를 가득 머금은 바람이다. 이 지방에서 부는 또 다른 서풍으로는 파보니우스(Favonius), 베르길리우스(Vergilius), 카툴루스(Catullus), 호라티우스(Horatius) 등 로마의 고전시인들이 노래한 서풍이 있다. 이 서풍에 대해서는 초서와 밀턴도 고전시인들의 전통을 이어받아 생명을 꽃피우는 향긋한 봄바람으로 재현한 바 있다. 이 시에서 셸리는 이 봄바람을 "청람빛 그대 누이"(Thine azure sister)로 여성화하는 경우도 있지만, 그가 친화를 느끼는 것은 어디까지나 폭우와 천둥번개를 동반한 격렬한 서풍이다. 그래서 그는 서풍을 "사나운 신령"(Spirit fierce)으로 의인화하면서 서풍에게 파괴적인 남성 신격을 부여한다.

해럴드 블룸(Harold Bloom)에게도 이 시는 셸리 시학의 본질이 가장 잘 재현된 시이다. 블룸은 종교학자 마틴 부버(Martin Buber)의 핵심개념인 '나-그대'(I-Thou)/ '나-그것'(I-It)을 준거점으로 삼아 셸리의 '신화창조'(mythopoeia: mythmaking) 과정을 세밀하게 추적하고 있다.[96] 부버에

95) "This poem was conceived and chiefly written in a wood that skirts the Arno, near Florence, and on a day when that tempestuous wind, whose temperature is at once mild and animating, was collecting the vapours which pour down the autumnal rains. They began, as I foresaw, at sunset with a violent tempest of hail and rain, attended by that magnificent thunder and lightning peculiar to the Cisalpine regions." Harold Bloom, *Shelley's Mythmaking* (Ithaca: Cornell UP, 1969), 69.

96) Bloom, *Shelley's Mythmaking*, 1-10, 65-90. 필자의 이 시 이해는 대부분 블룸의 연구에 의존한다. 블룸은 영국낭만시인 전반을 다룬 *The Visionary Company*에서도 이 시를 거론하고 있으나 안내의 차원에 머물고 있다. 이 시를 신화창조의 관점에서 다룬 글로는 블룸의 것 이외에도 Lionel Trilling,

의하면, 인간이 세계를 인식하는 방식에는 두 종류가 있다. 사물을 대할 때 그 사물을 주변에 있는 다른 사물들에 의해 한계가 정해진 하나의 대상으로 인식·경험하는 경우와, "나와의 [의미 있는] 관계" 속에서 그 사물의 참모습을 곧이곧대로 인식·경험하는 경우이다. 전자의 경우 나와 사물과의 관계는 '나-그것'의 관계임에 반하여 후자의 경우에는 '나-그대'의 관계가 성립된다며 부버는 이렇게 말한다.

> When Thou is spoken, the speaker has no thing for his object. For where there is a thing there is another thing. Every It is bounded by others; It exists only through being bounded by others. But when Thou is spoken, there is no thing. Thou has no bounds.[97]

> '그대'라고 부를 때 발화자는 어떤 사물을 그의 대상(목적)으로 상정하지 않는다. 하나의 사물이 존재하는 곳에는 또 다른 사물이 존재하기 마련이며, 모든 '그것'은 다른 '그것'들에 의해 테두리(한계, 영역) 지어진다. '그것'이 존재할 수 있는 것은 다른 '그것'들에 의해 테두리(한계, 영역) 지어짐에 의해서이다. 그러나 '그대'라고 부를 때 사물 같은 것은 존재하지 않는다. '그대'에게 테두리(한계, 영역)란 없기 때문이다.

사물을 '그것'이 아닌 '그대'로 경험할 때에는 이념체계나 사전지식 또는 편견 같은 것이 개입되지 않은 "직접적인"(immediate) 관계라 할 수 있다. 원시인들의 언어를 보면 '나-그것'의 관계가 아닌 '나-그대'의 관계를 보여주는 말들이 대부분이다. 원시인들의 사물과의 관계는 관찰자와

The Experience of Literature: Poetry, 77-79쪽과 H. C. Pancoast, "Shelley's 'Ode to the West Wind,'" *MLN*, 35, 97-108쪽을 보기 바람.

97) Martin Buber, *I and Thou*, tr. Ronald Gregor Smith (New York: Scribner's, 1937), 4-5. Bloom, *Shelley's Mythmaking*, 1.

피관찰자, 지배자와 피지배자의 관계가 아닌 "관계로서의 관계", 즉 다른 사물들과는 무관하게 "[둘만의] 테두리가 정해지고 [둘만의] 테두리를 정하는" 관계(bound and binding)이다. 부버의 이론에 따라 고대 중동 지방의 신화를 연구한 종교인류학자 프랑크포트(Henri & Mrs. Frankfort)는 고대인들의 사물인식 방식을 이렇게 기술한 바 있다.

> The world appears to primitive man neither inanimate nor empty but redundant with life; and life has individuality, in man and beast and plant, and in every phenomenon which confronts man — the thunderclap, the sudden shadow, the eerie and unknown clearing in the wood, the stone which suddenly hurts him when he stumbles while on a hunting trip. Any phenomenon may at any time face him, not as "It," but as "Thou." In this confrontation, "Thou" reveals its individuality, its qualities, its will.[98]

> 원시인들에게 세상은 생명이 없거나 텅 비어 있기는커녕 생명으로 충만해 있었다. 인간도, 짐승도, 식물도, 인간이 마주치는 모든 자연 현상들도, 모든 생명체에는 고유의 개별성이 내재되어 있었다 — 천둥, 벼락, 갑자기 마주치게 되는 그림자, 처음 보는 섬뜩한 숲 속의 빈 터, 사냥 도중 예기치 않게 걸려 넘어지게 하여 상처 입히는 바위. 그 모든 현상들은 '그것'이 아닌 '그대'로 어느 때건 원시인들에게 다가올지 모른다. 그런 마주침을 통해 '그대'는 개별성과 특성과 의지를 드러낸다.

4 서풍의 신격화

프레드릭 포틀(Frederic Pottle)도 지적하듯이, 「서풍의 송시」에서 생

98) *Before Philosophy*(London: Penguins, 1949), 14. Bloom, *Shelley's Mythmaking*, 73.

명 없는 세계를 상정한다는 것은 처음부터 셸리 시의 본질과 핵심에서 멀어지는 일이다.[99] 이 시의 발화자 '나'는 '나-그대'로 "관계 지어지는" 원시적 세계의 '나'를 지향하기 때문이다. 그런 세계 속에 존재하는 '나'/시인은 '너'/서풍을 "경험하고, 의인화하고, 풍유화하고, 상징화하려"(to experience, personify, allegorize, symbolize) 들기보다는 오히려 서풍과의 일치를 염원하며 일치를 모색한다. 첫 행에서부터 서풍을 "가을의 숨결"이라 부르는 시인은 서풍을 모종의 "살아 숨쉬는 생명체"(animated thing)로 인식하면서 '나-그것'이 아닌 '나-그대'의 관계를 설정한다.

1

O wild West Wind, thou breath of Autumn's being,
Thou from whose unseen presence the leaves dead
Are driven, like ghosts from an enchanter fleeing,

Yellow, and black, and pale, and hectic red,
Pestilence-stricken multitudes! O thou
Who chariotest to their dark wintry bed

The winged seeds, where they lie cold and low,
Each like a corpse within its grave, until
Thine azure sister of the Spring shall blow

Her clarion o'er the dreaming earth, and fill
(Driving sweet buds like flocks to feed in air)
With living hues and odours plain and hill;

Wild spirit, which art moving everywhere;
Destroyer and preserver; hear, oh, hear!

99) Frederic Pottle, "The Case of Shelley," *PMLA*, 67 (1952), 594-595.

오, 사나운 '서풍'이여, 그대 '가을'의 숨결이여.
보이지 않는 그대 존재로부터 죽은 잎사귀들이
마법사에게 쫓겨 도망치는 도깨비마냥 혼비백산 내달리네,

누렇고, 거멓고, 유령처럼 창백하고, 열병으로 홍조 띤,
역병에 신음하는 무리들! 오 그대여, 그대는
겨울처럼 차갑고도 어두운 침실로 날개 달린 씨앗들

마차 내몰아, 거기에 그들은, 제각기 무덤 속 시체마냥,
몸 웅크리고 차갑게 누워있나니, 그러다 마침내
청람빛 그대 누이 '봄'이 꿈꾸는 대지 위로 피리를 불어,

산과 호수, 강과 들판에 피리소리 울려퍼질 때면,
(아름다운 꽃잎들을 양떼마냥 창공으로 몰고다니며)
현란한 빛 향긋한 내음으로 들판과 동산을 가득 채우리.

사나운 혼령이여. 돌아다니지 않는 곳 없는 그대,
파괴자이자 보존자여. 귀 기울이소서, 오 귀 기울이소서!

"숨결"은 "영혼"을 의미하는 라틴어 스피리투스(spiritus)에서 유래된 말이다. 그렇다면 셸리에게 "가을의 숨결" 서풍은 밀턴의 '성령'(Holy Ghost)과도 같이 대단히 리얼한 존재이다.[100] 이 보이지 않는 존재가 구체적인 모습으로 우리에게 나타나는 것은 "마법사"(an enchanter)의 이미지로서이다. 시든 나뭇잎들은 마법사의 마술에 걸려들지 않으려는 듯 혼비백산 도망치고, 생명의 온기를 간직한 씨앗들은 겨우내 차갑고 어두운 방

100) M. H. Abrams, "The Correspondent Breeze: A Romantic Metaphor," in *English Romantic Poets*, 37-54.

에 시체마냥 몸을 눕히고 새 봄을 기약한다. 원래 마차란, 그것이 황금마차이든 불마차이든 힌두교, 유대교, 기독교 전통 어디에서나, 신이 타고 다니는 수레로서 신성(神聖)과 관련되며, 그래서 그것은 신의 권능과 노여움과 추진력 등을 암시해 왔다. 누이동생으로 재현된 봄바람이 청람빛인 것은 청명한 봄하늘의 색깔을 나타내며, 더구나 셸리에게 하늘색 또는 청람빛은 "구원과 행복과 평화"를 표상하는 색이다(Bloom, 76, 83).

"날개 달린 씨앗들"과 "청람빛 그대 누이 봄"의 이미지에 이르러 시는 전반부에서 후반부로 이행한다. 서풍의 파괴력을 보여주는 전반부와 자기보존과 부활을 암시하는 후반부로 첫 연 전체가 절묘한 기하학적 대칭구도를 이루다가, 마지막 2행에 오면 상반과 대립의 성향들이 뒤섞이면서 결말에 이른다. 이 씨앗들은 "시체마냥"(like a corpse) 땅 속에 파묻혀 있지만, "마냥/처럼"이란 어조사가 암시하듯이, "꿈꾸는 대지"처럼 부활과 재생을 기약하며 인고의 나날을 견디어낸다. 그러므로 봄이 되어 서풍이 피리를 불며 산과 들판에 양떼를 불러 모을 때면 이 피리소리는 단순히 봄이 왔음을 알리는 목동의 피리소리로 그치지 않고 최후의 심판을 알리는 천사의 나팔소리로 들린다. 죽음의 겨울에서 영원한 봄의 문턱으로 안내하는 복된 부활의 전주곡인 것이다.

2

Thou on whose stream, 'mid the steep sky's commotion,
Loose clouds like earth's decaying leaves are shed,
Shook from the tangled boughs of Heaven and Ocean,

Angels of rain and lightning: there are spread
On the blue surface of thine airy surge,
Like the bright hair uplifted from the head

Of some fierce Maenad, even from the dim verge
Of the horizon to the zenith's height,

The locks of the approaching storm. Thou dirge

Of the dying year, to which this closing night
Will be the dome of a vast sepulchre,
Vaulted with all thy congregated might

Of vapours, from whose solid atmosphere
Black rain, and fire, and hail will burst; oh, hear!

산발한 구름들은 가파른 하늘의 격랑 한가운데서
그대의 파도를 타고, 대지의 썩어가는 잎사귀들마냥
하늘과 바다의 뒤엉킨 나뭇가지에서 우수수 떨어지네,

비와 벼락의 사자(使者)인 이 구름들은.
그대가 동행하는 날렵한 파도의 푸른 표면 위에는,
미친 미나드의 머리에 곧추선 눈부신 머리칼마냥,

희미한 수평선에서 하늘의 정수리에 이르기까지,
다가오는 폭풍의 머리칼이 여기저기 흩어져 있네.
그대 죽어가는 해의 만가(輓歌)여,

어둠을 감싼 이 밤은 그대의 노랫소리에 맞춰,
빽빽이 모여든 증기의 힘으로 천개(天蓋)를 이루고,
그대 위해 거대한 분묘(墳墓) 둥근 봉분(封墳)이 되리니,

그러면 그 견고한 대기로부터 검은 비와
불길과 우박이 폭발하리라. 오, 귀 기울이소서!

첫 연의 서풍이 나뭇가지에 힘겹게 붙어 있는 나뭇잎들을 몰아갔다면, 이 연에서는 낮게 깔린 "느슨한 구름들"을 나뭇잎처럼 흩날리게 한다. 첫 연이 대지의 표면에 작용하는 서풍의 파괴력을 보여주었다면, 이 연에서는 하늘과 대기 중에 작용하는 서풍의 영향력이 숨가쁘게 반복되는 것이다. 첫 연에서 가을 숲을 바라보는 시인의 눈에는 아직도 잎을 떨구지 않은 나무들이 천개(天蓋)를 이루고 있다. 그러다가 급기야는 사나운 바람이 성난 파도처럼 나뭇잎들을 휩쓸어 버리고 앙상한 가지만 남겨 놓는다. 둘째 연에서도 높은 하늘에는 움직이지 않는 구름층이 천개를 이루고 수평선에서 하늘의 정수리에 이르기까지 나뭇가지마냥 뒤엉켜 있다. 그리고 그 아래로는 엷은 구름들이 세찬 바람에 나뭇잎처럼 흩날린다. 그러므로 "하늘과 바다의 뒤엉킨 가지"란 비유는 태양열로 인해 바다에서 솟아오른 밀집된 수증기가 겹겹이 뒤엉키며 층을 이루고 있음을 뜻한다.

이 연에서 서풍은 머리칼을 곤두세우고 주신(酒神) 바쿠스를 따라다니는 광란의 여성 미나드에 비유되면서 그 파괴력과 에너지가 한층 더 강화·증폭되고 있다. 그래서 서풍의 파괴력은 한갓 나뭇잎이나 구름을 휘몰아 가는 데 그치지 않고 인간의 생명과 도시와 제국까지도 휩쓸어버리는 파괴력으로까지 확장된다. 대포가 불을 뿜으며 포탄을 토해내듯 비와 천둥번개와 우박이 뒤범벅이 되어 쏟아져 내릴 때, 꽁꽁 얼어붙은 동토(凍土)의 지배자들은 사라져가는 시대의 "만가"(輓歌)에 실려 어둠 속 무덤에 묻히리라. 이 시에서 숨가쁜 혁명의 에너지는 이처럼 파괴적면서 동시에 창조적인 서풍의 속성을 통해 분출한다(Bloom, 81; Trilling, 78).

3연은 유사구조를 보이는 처음 세 연을 완결짓는 한편, 클라이맥스에 해당하는 4연과 시의 흐름이 완결되는 5연을 예비한다. 그런가 하면 3연의 전반부는 최후의 심판을 암시하는 2연의 계시적 분위기와는 대조적으로 평화롭고 아름다운 이미지들로 충만해 있다.

3

Thou who didst waken from his summer dreams
The blue Mediterranean, where he lay,
Lulled by the coil of his crystalline streams,

Beside a pumice isle in Baiae's bay,
And saw in sleep old palaces and towers
Quivering within the wave's intenser day,

All overgrown with azure moss and flowers
So sweet, the sense faints picturing them! Thou
For whose path the Atlantic's level powers

Cleave themselves into chasms, while far below
The sea-blooms and the oozy woods which wear
The sapless foliage of the ocean, know

Thy voice, and suddenly grow gray with fear,
And tremble and despoil themselves; oh, hear!

여름날 단꿈 꾸는 푸른 '지중해'를 잠에서 깨운 그대.
지중해는 휘감아도는 수정 잔물결 자장가 삼아
바이만 경석섬(硬石島) 옆에 누워

꿈결 속에서 보나니, 청람빛 이끼와 꽃들로 뒤덮인
고색창연한 궁전과 탑들이
강렬한 햇빛 어른대는 파도 속에 떨고 있음을.

그 달콤한 느낌, 그 광경 떠올리며 감각은 자진하네!
그때 '대서양'의 대오정연한 군대는
그대 가는 길 방해하지 않으려고 양옆으로 갈라져

깊은 틈새 내고, 저 멀리 바다 깊은 곳에서는
메마른 잎사귀 걸쳐 입은 바다꽃나무와
끈끈한 수액 흘려대는 해초들이 그대 목소리

눈치 채고는, 두려움에 몸을 부들부들 떨며
혼비백산 도망치네. 오, 들어보소서!

앞에서 언급했듯이, 셸리에게 푸른색이나 청람색은 순수라든지, 평화, 고요, 기쁨의 감정과 함께 형식의 정교함, 간명한 조직, 물질의 가벼움 등을 표상하는 색깔이다. 그러므로 "청람빛 이끼와 꽃들"로 만발한 옛 궁전과 탑들이 맑고 푸른 지중해에 투영된 모습은 인간이 동경해 마지않는 이상향의 모습이라 할 만하다. 그러나 그와 같은 평화와 풍요도 서풍의 전반적 파괴력으로부터 예외일 수는 없다. 이 연 전반부의 고요와 평온에도 불구하고 후반부에 오면 시의 흐름은 서풍과 동행하는 대서양의 파괴력으로 인하여 공포 분위기로 선회하고 있다. 블룸은 이 연이 보여주는 아름다움과 평온과 함께 그것을 앗아가는 시간의 파괴력을 이렇게 서술한다.

> But so skilfully is beauty evoked in this stanza, so subdued and mellowed have the emblems which were once despotical ("old palaces and towers") become that regret for what has passed and is passing is what is primarily expressed, though by a triumph of obliqueness. The idealizing that can come with time ("the wave's intenser day"), the odors sweet beyond sense, the Byzantine unreality of the ocean growth ("sapless foliage") are all valued highly in this stanza, yet all swept away, disturbed, made to "tremble and despoil themselves." (Bloom, 834)

> 이 연에서 아름다움은 매우 교묘한 방식으로 환기되고 있다. 한때는

전제의 표상이던 것들("오래된 궁전과 탑들")이 차분하고 감미로운 색조를 띠며, 그래서 일차적으로는 사라져버린 것들과 사라져가는 것들에 대한 아쉬움이 암시의 방식을 통해 탁월하게 표현되고 있다. 시간과 더불어 나타나는 이상화("한낮의 강렬한 햇빛"과 "파도 속에 어른대는 탑과 궁전들"), 감각으로 포착할 수 없으리만치 향긋한 내음들, 바닷속 깊은 곳에 자라는 아름다운 해초들, 그 해초들은 비잔틴 예술에서나 볼 수 있는, 비현실적이리만치 아름다운 모습들을 하고 있다. 이러한 사물들 모두가 이 연에서는 최고의 가치로 간주되면서도, 동시에 그것들은 시간의 조류에 휘말려 씻겨내리고, 요동치고, "몸을 떨며 혼비백산 도망친다."

한편 부버는 『구약성서』 가운데 「데보라의 노래」(Song of Devorah)의 반복구조에 주목하면서, 두운, 모운, 핵심어, 핵심문장, 후렴구 등의 반복은 종교적인 메시지 가운데 가장 중요한 측면을 부각시키려는 목적에서 생겨난 것이라고 설명한다. 그 같은 반복은 노래를 듣는 이들로 하여금 신앙의 근본이념에 집중하도록 유도한다는 것이다. 또한 고대사회의 서정시들은 고집스럽고 통제되지 않은 상태로 존재하는 사물들을 "침묵케 하고 길들이려는"(silences and subdues) 마력적 의도에서 생겨났다고 한다. 마력의 효능과 비밀은 언어와 리듬을 끊임없이 반복함으로써 가창자와 청자의 유사성을 인지시켜 둘 사이의 결속을 다지는 한편 급기야는 '동일화'(identification)로 나아가게 한다는 것이다.

> The "Song of Deborah," though early, is nevertheless a song of masterful formation. The strongest of its forms is the refrain. And this form obviously is not first created because of aesthetic motives and later appointed to serve religious purposes as well but, so far as we can judge, it was born of religion. It is known that many early lyric forms spring from a magical aim to set up against

the hard, unbound, demonic element, one that was bound and binding: the secret of the likeness appears as something that silences and subdues. The class of Biblical forms especially noteworthy, the repetitive forms — alliteration, assonance, paranomasia, key words, key sentences, refrain, etc. — has the particular purpose of emphasizing the most important aspect of the religious message, to point again and again at the fundamental idea or ideas of the belief round which the rest are grouped, and which the recipient of the message is requested to perceive as such with concentrated attention.[101]

「데보라의 노래」는, 비록 이른 시기에 지어진 것이기는 하지만, 완벽하게 구성된 노래이다. "데보라의 노래"의 형식들 중에서도 가장 강력한 호소력을 발휘하는 것은 후렴의 형식이다. 이 형식은 처음에는 미학적 동기에서 비롯되어 나중에 종교적인 목적에 봉사하도록 승인된 것이 아니라, 우리가 판단하기로는, 종교적 감정에서 태동한 것임이 분명하다. 옛 서정시 가운데 많은 것들이 다루기 힘든, 한계 지어지지 않는, 악마적 자연력을 구속되고 구속하는 상태로 이끌기 위한 마력의 목적에서 생겨났다는 것은 잘 알려진 사실이다. 유사성(類似性) 비밀은 침묵케 하고 길들이는 어떤 것으로 나타난다. 성서적 형식들 중에서도 특히 주목을 요하는 반복형식은 — 두운, 모운, 파라노마지아, 핵심어, 핵심문장, 후렴구 등 — 종교적 메시지의 가장 중요한 측면을 강조하기 위한 목적에서 비롯되었다. 반복해서 믿음의 핵심적 사항으로 향하게 함으로써, 메시지 수신자는 고도로 집중된 상태에서 그 메시지를 인식하도록 요구받게 되는 것이다.

어떤 부류의 서정시들은 미학적 동기보다는 종교적 동기에서 발생했을

101) *I and Thou*, p. 9.

것이란 부버의 생각은 「서풍의 송시」에도 그대로 적중한다고 하겠다. 이 시에도 마력의 목적이 존재하는 것은 반복을 통해 서풍이라는 “악마적 자연력”(demonic element)을 “침묵케 하고 순화시키려는”(silences and subdues) 염원이 지배적이기 때문이다. 이 시의 반복구조에 좀 더 가까이 다가가 본다면, 세 연 모두에서 화자(시인)인 ‘내’가 서풍인 ‘그대’에게 호소·기원하는 형식으로 끝이 나며, 각 연에서 서풍의 활동영역은 대지와 창공과 바다의 세 영역에 두루 퍼져 있어 다루기 힘든 악마적인 자연력으로 군림한다. 하지만 서풍의 악마적 성격은 어디까지나 서풍의 활동 이전과 이후에 배치된, 서풍에 대한 직접적인 언술에 보조적 기능을 수행할 뿐이다. 그러므로 처음 세 연의 반복구조는 화자(시인)가 서풍이라는 신령과 ‘나-그대’의 관계를 맺으려는 염원이 자연스럽게 발현된 것이라고 보아도 좋을 것이다.

이제까지 시의 외부에서 서풍을 쫓는 일에 골몰하던 시인은 4연에 오면 시인 자신이 나뭇잎과 구름과 파도를 대신하여 서풍과 직접 영향을 주고받는 존재이기를 염원한다.

4

If I were a dead leaf thou mightest bear;
If I were a swift cloud to fly with thee;
A wave to pant beneath thy power, and share

The impulse of thy strength, only less free
Than thou, O uncontrollable! If even
I were as in my boyhood, and could be

The comrade of thy wanderings over heaven,
As then, when to outstrip thy skiey speed
Scarce seemed a vision; I would ne'er have striven

As thus with thee in prayer in my sore need.

Oh! lift me as a wave, a leaf, a cloud!
I fall upon the thorns of life! I bleed!

A heavy weight of hours has chained and bowed
One too like thee; tameless, and swift, and proud.

나 그대가 몰아가는 죽은 나뭇잎이라면,
그대와 함께 빠르게 날아가는 구름이라면,
그대 힘 아래서 헐떡이며 그대 힘 함께 나눌 파도라면,

그리하여 그대 말고는 어느 누구보다도
더 자유로울 수 있다면, 오 통제할 길 없는 존재여!
혹은 하늘을 나는 그대 따라잡는 일이

좀처럼 환상으로 여겨지지 않던 소년시절처럼
그대 하늘 떠돌 때 그대의 단짝친구 될 수 있다면,
나 이토록 절박한 상황에서 이렇게 기도드리며

갈구하진 않았으리. 오! 날 끌어올리소서,
파도처럼, 나뭇잎처럼, 구름처럼!
나는 인생의 가시밭에 넘어져 피 흘리나이다!

시간의 무거운 짐이 그대를 쏙 뺀 날 사슬에 묶고
허리 휘어지게 하나이다,
길들일 길 없이 민첩하고 자부심 넘치던 나를.

소용돌이치는 자연력에서 인간의 세계로 귀환한 시인은 이제 두 가지 가운데 하나를 선택해야만 하는 기로에 서 있다. 서풍이란 자연력의 지배

하에서 서풍과 '나-그것'의 관계로 남을 것인가, 아니면 어린시절처럼 서풍과 '나-그대'의 관계를 회복할 것인가? 처음부터 이어지는 조건절이 암시하듯이, 시인이 부패와 죽음과 재생이라는 자연의 순환과정 내에 존재하는 하나의 자연물이라면 서풍과 힘겨운 씨름을 벌이지 않아도 되리라. 또는 어른이 된 지금도 소년시절처럼 서풍의 자유분방한 에너지를 간직하고 있다면 절박한 호소가 담긴 기원의 노래를 부르지 않아도 되리라. 하지만 "오, 날 끌어올리소서, 파도처럼, 나뭇잎처럼, 구름처럼!"의 기원적 호소가 보여주듯이, 시인은 서풍과의 원초적 관계를 상실한 채 '나-그것'의 관계로 점철된 인생의 가시밭에 넘어져 피 흘리고 있다. 서풍과의 원초적 관계를 상실했기에 시인의 절망감은 종교적 절망감의 성격을 띠고 우리를 엄습한다. 하느님으로부터 버림받았다는 느낌에서 비롯된, 시련에 찬 욥(Job)의 절망감과도 같이.

마지막 연은 워즈워스의 「불멸의 예감」(Intimations Ode)의 "차분한 색조"(sober colouring) 못지않게 "가을과도 같은 깊고 차분한 색조"(a deep, autumnal tone)를 우리에게 선보인다.

5

Make me thy lyre, even as the forest is:
What if my leaves are falling like its own!
The tumult of thy mighty harmonies

Will take from both a deep, autumnal tone,
Sweet though in sadness. Be thou, Spirit fierce,
My spirit! Be thou me, impetuous one!

Drive my dead thoughts over the universe
Like withered leaves to quicken a new birth!
And, by the incantation of this verse,

Scatter, as from an unextinguished hearth
Ashes and sparks, my words among mankind!
Be through my lips to unawakened earth

The trumpet of a prophecy! O Wind,
If Winter comes, can Spring be far behind?

숲이 그대의 수금(竪琴)이듯이,
날 그대의 수금으로 만들어다오.
내 잎이 나뭇잎마냥 떨어진들 어떠리!
요동치는 그대의 강력한 조화로 인하여

숲과 나 둘 모두가 애잔하면서도 달콤한,
가을과도 같은 깊은 색조를 띠게 되리.
사나운 신령이여, 나의 혼령이 되라!
나로 변하시라, 그대 무모한 자여!

새로운 탄생을 재촉하기 위해, 죽은 잎사귀들마냥,
나의 죽은 생각들을 우주로 몰아가시라!
그리하여 이 시의 주문(呪文)을 통하여,

꺼지지 않은 화덕의 재와 불씨를 휘젓듯,
사람들에게 나의 언어를 퍼뜨리시라!
잠에서 깨어나지 않은 대지에, 나의 입을 빌려,

예언의 나팔이 되시라! 오 바람이여,
겨울이 오면 봄도 멀지 않으리!

"내 잎이 나뭇잎들마냥 떨어진들 어떠리!" 첫 3행단위(terza rima)에서 터져나오는 탄성은 첫 연 나뭇잎의 이미지로 복귀하는 동시에 이 연의 세 번째 3행단위에서 "죽은 생각들"(dead thoughts)로 이어진다. 서풍이 퍼뜨리는 "죽은 생각들"은 시든 나뭇잎들처럼 천지사방을 떠돌며 재생과 부활을 예비하리라. 서풍이 시인의 영혼과 하나가 될 때 서풍의 사나운 에너지와 생명력은 곧 시인의 에너지와 생명력으로 화하고, 그래서 시인의 얼어붙은 사상에 활력을 불어넣게 될 것이다. 그러므로 시인과 서풍은 서로를 필요로 하는 상호보완적 존재이다. 시인이 서풍을 필요로 하듯이 서풍 또한 시인을 필요로 한다. 하느님을 전제로 하지 않은 예언자가 있을 수 없듯이 하느님에게도 자기 메시지를 전하는 예언자가 있어야 하기 때문이다. 그러므로 시인과 서풍의 관계는 서풍이라는 광활한 실체 속으로 시인이 수렴되는 관계가 아니라 두 실체가 만나 서로를 보완하며 서로를 지탱하는 상호보완적 관계이다.

5 정신계(精神界)의 입법자

시인이 가을의 숲과도 같이 바람의 신 이올루스(Aeolus)가 연주하는 수금(竪琴: Aeolian lyre)으로 화할 때 두 실체는 서로 "숨가쁜 영향"(fast influencings)을 주고받게 되며, 「서풍의 송시」 같은 예언시는 그런 과정에서 탄생한다. 그때 시인은 수금이 연주되는 방식과는 다르게 "내면에 존재하는 원리"에 따라 단순히 가락뿐만 아니라 조화 또한 생산한다며 셸리는 이렇게 말한다.

> Man is an instrument over which a series of external and internal impressions are driven, like the alternations of an ever-changing melody. But there is a principle within the human being, and perhaps within all sentient beings, which acts otherwise than in

the lyre, and produces not melody alone, but harmony, by an internal adjustment of the sounds or motions thus excited to the impressions which excite them.[102)]

인간은 악기와도 같은 존재로, 시시각각 변화하는 가락의 높낮이 음들과도 같은 일련의 내적 외적 인상들이 인간이란 악기 위를 [바람처럼] 스쳐지나간다. 그러나 인간의 내부에는, 아마도 감각을 갖춘 모든 존재들의 내부에는, 수금(竪琴)과는 다른 방식으로 활동하는 하나의 원리가 존재한다. 흥분된 소리나 동작들이 흥분을 유발하는 인상들과 내부적으로 조정되는 과정에서 그 원리에 따라 단순히 가락만이 아니라 조화 또한 생산되는 것이다.

인간을 비롯한 감각을 갖춘 모든 사물의 내부에 존재하는 원리란 "신화로서의 시, 시로서의 신화를 구성하는 능력"(mythopoeia)을 뜻하는 것으로(Bloom, 1-10, 69, 73), 콜리지의 '이차상상력'(secondary Imagination)이나 키츠의 '부정력'(Negative Capability)의 또 다른 표현일 수도 있다. 신화로서의 시를 창조하는 능력은 인간이 사물을 대할 때 '나-그것'의 관계가 아닌 '나-그대'의 관계를 회복하는 능력, 즉 "공감적 일치"(emphatic identification)를 일구어내는 능력이기 때문이다. 같은 글에서 셸리는 시인의 마음을 "꺼지지 않은 화덕"(unextinguished hearth)에 비유하기도 한다. "창조의 정신은 사그라드는 석탄불과도 같아서, 눈에 보이지 않는 어떤 힘이 떠도는 바람처럼 잠시 찬란한 빛을 발하도록 일깨울 때면 내면에서 깨어 일어난다. 시들다 소생하는 어떤 꽃의 색깔처럼."[103)] 「서풍의 송시」

102) "A Defence of Poetry," in *Shelley's Poetry and Prose*, ed. Donald H. Reiman and Sharon B. Powers (New York: W. W. Norton & Company, 1977), 480.

103) "The mind in creation is as a fading coal, which some invisible influence, like an inconstant wind, awakens to transitory brightness; this power arises

에서도 '서풍'은 시인의 마음을 일깨워 잠시 동안 찬란한 빛을 발하며 불타오르게 하였다. 그러나 서풍은 단지 원인제공자일 뿐, 타오르는 불의 강도와 색깔은 어디까지나 시인의 내면에 원리로 존재하는 시인 고유의 '혼불'(the fire of spirit)이 결정한다.

셸리에게 시란 신비한 교감의 순간을 언어화한 것이다. 그런데 교감의 순간을 재현하는 데 언어는 불완전할 수밖에 없다. 언어 너머에 존재하는 "깊은 진실"(deep truth)을 드러내 보여주기 위해 시는 고작해야 상징적인 몸짓을 보여주는 것으로 만족한다. 「서풍의 송시」에서 시인이 언어의 모든 가능성을 동원하면서 서풍의 본질로 숨가쁘게 돌진하는 모습을 보이는 것은 바로 언어의 한계를 깨달은 시인이 세계의 이면에 존재하는 "깊은 진실"로 다가가고픈 열망 때문이다. 「서풍의 송시」뿐 아니라 「종달새에게」(To a Skylark)나 「에피사이키디온」(Epipsychidion)과 같은 시에서 일련의 이미지들이 숨가쁘게 펼쳐지는 것도 진리의 핵심으로 깊이 다가가려는 몸부림의 표현인 것이다.

셸리를 괴롭힌 "악령"(evil)은 무엇이었던가? 키츠에게는 고통이나 죽음 같은 인간적 한계가 극복되어야 할 악령이었고 그래서 그의 시는 심미적·철학적 성격을 띨 수밖에 없었다면, 셸리에게는 인간의 이기심과 잔인함과 두려움 같은, 인간의 내면에 존재하는 부정적 성질들이 곧 그를 괴롭히는 악령들이었고 그래서 그의 시는 윤리적 성격을 띠게 된다. 『맵 여왕』을 쓸 당시 셸리는 급진주의자답게 인간의 타락은 전적으로 사회제도의 구조적 모순에서 비롯된다고 보고, 잘못된 제도만 개혁한다면 인간은 태생적 선성(善性)을 회복할 수 있으리라고 생각하였다. 그러나 그런 생각은 시간이 지남에 따라 수정되어, 블레이크가 「런던」에서 보여주었던 것처럼, 인간과 사회는 동시적으로 탄생하며 사회란 마음의 거울과도

---

from within, like the colour of a flower which fades and changes as it is developed." *Shelley's Poetry and Prose*, 503-504.

같다는 입장으로 바뀐다.

사회개혁에 인간성의 향상이 전제되어야 한다면 진선미에 대한 사랑이 부단히 일깨워져야 할 것이다. 그러한 목적에 가장 잘 기여할 수 있는 것이 바로 시와 예술이다. 인간의 마음속에는 진실한 것과 선한 것과 아름다운 것에 대한 열망이 태생적으로 내재되어 있으나 인간과 사회의 온갖 악령들이 그것을 말살하려고 호시탐탐 기회를 노린다. 시와 예술은 마음이 간직한 진선미의 불씨, 신성(神性)의 불씨를 되살리고 그것을 힘찬 불길로 타오르게 한다. 그래서 셸리는 시인을 가리켜 신성의 부패를 방지하고 신성을 구원하는 "세상의 공인받지 못한 입법자"(the unacknowledged legislators of the world), 즉 물질계 너머의 정신계를 군림하며 통치하는 예언자이자 사제라고 선언하는 것이다.

Supplementary Reading

Ozymandias[104]

I met a traveller from an antique land,
Who said — "two vast and trunkless legs of stone
Stand in the desert ... near them, on the sand,
Half sunk a shattered visage lies, whose frown,
And wrinkled lips, and sneer of cold command,
Tell that its sculptor well those passions read

104) Shelley evidently wrote this sonnet at Marlow in friendly competition with Horace Smith, whose own sonnet of the same name was published Feb. 1, 1818, also in *The Examiner*, no. 527, p. 73:

In Egypt's sandy silence, all alone,
    Stands a gigantic Leg, which far off throws
    The only shadow that the Desart knows: —
"I am great OZYMANDIAS," saith the stone,
    "The King of Kings; this mighty City shows
"The wonders of my hand." — The City's gone, —
    Nought but the Leg remaining to disclose
The site of this forgotten Babylon.
We wonder, — and some Hunter may express
Wonder like ours, when thro' the wilderness
    Where London stood, holding the Wolf in chace,
He meets some fragments huge, and stops to guess
    What powerful but unrecorded race
    Once dwelt in that annihilated place.

Which yet survive, stamped on these lifeless things,
The hand that mocked them, and the heart that fed;[105]
And on the pedestal these words appear:
My name is Ozymandias, King of Kings,[106]
Look on my Works ye Mighty, and despair!
Nothing beside remains. Round the decay[107]
Of that colossal Wreck, boundless and bare
The lone and level sands stretch far away." —

The Indian Serenade
— The Indian Girl's Song

I arise from dreams of thee
In the first sweet sleep of night,
When the winds are breathing low,

---

105) Lines 6–8 pose some difficulty, but "survive" (7) must be a transitive verb whose object is "The hand" and "the heart" (8). The "passions" on Ozymandias' face, that is, survive or live on after both hand and heart. "The hand that mocked them" seems to be the sculptor's hand, delineating the vainglory of his subject in "these lifeless things"; and "the heart that fed" must be Ozymandias' own, feeding on (perhaps) its own arrogance. Kelvin Everest and Geoffrey Matthews suggest that line 8 ends with an ellipsis: "and the heart that fed [them]" (that is, those same passions that are the referent of the pronoun "them" governed by "mocked" (*The Poems of Shelley*, II: 1817–1819 [London: Pearson, 2000]: 311).

106) Ozymandias: Osymandias, Greek name for the Egyptian king Rameses II (1304–1237 BC). Diodorus Siculus, in his *Library of History* (trans. C. H. Old father, Loeb Classical Library, vol. 303 [Cambridge, Mass.: Harvard University Press, 1961]: I, 47), records the inscription on the pedestal of his statue (at the Ramesseum, on the other side of the Nile river from Luxor) as "King of Kings am I, Osymandias. If anyone would know how great I am and where I lie, let him surpass one of my works."

107) No thing remains beside. *Bodl. Shelley MS.* e.4.

And the stars are shining bright:
I arise from dreams of thee,
And a spirit in my feet
Hath led me — who knows how?
To thy chamber window, sweet!

The wandering airs they faint
On the dark, silent stream —
The Champak[108] odours fail[109]
Like sweet thoughts in a dream;
The nightingale's complaint,
It dies upon her heart —
As I must on thine,
Oh, beloved as thou art!

Oh lift me from the grass!
I die! I faint! I fail!
Let thy love in kisses rain
On my lips and eyelids pale,
My cheek is cold and white, alas!
My heart beats loud and fast —
Oh! press it to thine own again,
Where it will break at last.

To Night

Swiftly walk o'er the western wave,
    Spirit of Night!
Out of the misty eastern cave,

---

108) An Indian species of magnolia, bearing fragrant orange flowers.

109) fail: some editors emend to "pine" (a change that the rhyme scheme supports).

Where, all the long and lone daylight,
Thou wovest dreams of joy and fear,
Which make thee terrible and dear,
      Swift be thy flight!

Wrap thy form in a mantle gray,
      Star-enwrought!
Blind with thine hair the eyes of Day;
Kiss her until she be wearied out —
Then wander o'er city, and sea, and land,
Touching all with thine opiate wand —
      Come, long-sought!

When I arose and saw the dawn,
      I sighed for thee;
When light rode high, and the dew was gone,
And noon lay heavy on flower and tree,
And the weary Day[110] turned to his rest,
Lingering like an unloved guest,
     I sighed for thee.

Thy brother Death came, and cried,
         "Wouldst thou me?"
Thy sweet child Sleep, the filmy-eyed,
Murmured like a noontide bee,
"Shall I nestle near thy side?
Wouldst thou me?" and I replied.
      "No, not thee!"

Death will come when thou art dead,
       Soon, too soon —
Sleep will come when thou art fled;

110) Here the "Day" is the male sun, not the female "day" with whom the Spirit of Night dallies in the preceding stanza.

Of neither would I ask the boon
I ask of thee, beloved Night —
Swift be thine approaching flight,
Come soon, soon!

Music, when soft voices die
[To —]

Music, when soft voices die,
Vibrates in the memory —
Odors, when sweet violets sicken,
Live within the sense they quicken. —

Rose leaves, when the rose is dead,
Are heaped for the belovèd's bed[111] —
And so my thoughts, when thou art gone,
Love itself shall slumber on.

O World, O Life, O Time

O world, o life, o time,
On whose last steps I climb,
Trembling at that where I had stood before;
When will return the glory of your prime?
No more, O never more!

Out of the day and night
A joy has taken flight; —
Fresh spring and summer and winter hoar,
Move my faint heart with grief, but with delight
No more, — O never no more!

111) the bed of the dead rose.

The World's Great Age[112)]
— A Chorus from *Hellas*

---

112) Prophecies of wars, and rumours of wars, ets., may safely be made by poet or prophet in any age, but to anticipate however darkly a period of regeneration and happiness is a more hazardous exercise of the faculty which bards possess or fain. It will remind the reader . . . of Isaiah and Virgil, whose ardent spirits . . . saw the possible and perhaps approaching state of sociey in which the "lion shall lie down with the lamb," and "omnis feret omnia tellus." Let these great names be my authority and excuse [Shelley's note]. The quotations are from Isaiah's millennial prophecy (e.g., chaps. 25, 45), and Virgil's prediction, in *Eclogue* 4, of a return of the golden age, when "all the earth will produce all things."
Written at Pisa in the autumn of 1821 and published in 1822, Hellas is a "lyrical drama" treating of the contemporary struggle for freedom in Greece and dedicated to Prince Mavrocordato, whom Shelley met in exile at Pisa and who had returned to Greece in June 1821 to take part in the revolution against the Turks. Shelley writes in a Preface: "The Persae of Aeschylus afforded me the first model of my conception, although the decision of the glorious contest now waging in Greece being yet suspended forbids a catastrophe parallel to the return of Xerxes and the desolation of the Persians. I have, therefore, contented myself with exhibiting a series of lyric pictures ... [suggesting] the final triumph of the Greek cause as a portion of the cause of civilization and social improvement." The action takes place in the palace of the Turkish king, where he receives reports on the progress of the war from messengers and prophecies of doom from visionary visitors. The last news, however, is of a Turkish victory, to the dismay of the Greek slaves who act as chorus throughout the play. "The final chorus," according to Shelley's note, "is indistinct and obscure, as the event of the living drama whose arrival it foretells. Prophecies of wars, and rumours of wars, etc., may safely be made by poet or prophet in any age, but to anticipate however darkly a period of regeneration and happiness is a more hazardous exercise of the faculty which bards possess or feign. It will remind the reader 'magno nec proximus intervallo' of Isaiah and Virgil, whose ardent spirits overleaping the actual reign of evil which we endure and bewail, already saw the possible and perhaps approaching state of society in which the 'lion shall lie down with the lamb,' and 'omnis feret omnia tellus.' Let

The world's great age begins anew,
 The golden years return,
The earth doth like a snake renew
 Her winter weeds outworn;
Heaven smiles, and faiths and empires gleam
Like wrecks of a dissolving dream.

A brighter Hellas rears its mountains
 From waves serener far,
A new Peneus[113)] rolls his fountains
 Against the morning-star,
Where fairer Tempes bloom, there sleep
Young Cyclads[114)] on a sunnier deep.

A loftier Argo[115)] cleaves the main,
 Fraught with a later prize;
Another Orpheus[116)] sings again,
 And loves, and weeps, and dies;
A new Ulysses leaves once more
Calypso[117)] for his native shore.

---

these great names be my authority and excuse."
The world's great age: the "annus magnus" at the end of which, according to an idea of the ancients, all the heavenly bodies would return to their original positions, and when, in consequence, the history of the world would begin to repeat itself.

- http://rpo.library.utoronto.ca/poem/1888.html

113) The river that flows through the beautiful vale of Tempe (line 11).

114) The Cyclades, islands in the Aegean Sea.

115) On which Jason sailed in his quest for the Golden Fleece.

116) The legendary player on the lyre who was torn to pieces by the frenzies Thracian women while he was mourning the death of his wife, Eurydice.

117) The nymph deserted by Ulysses on his voyage back from the Trojan War to his native Ithaca.

O, write no more the tale of Troy,
 If earth Death's scroll must be!
Nor mix with Laian[118] rage the joy
 Which dawns upon the free;
Although a subtler Sphinx renew
Riddles of death Thebes never knew.

Another Athens shall arises,
 And to remoter time
Bequeath, like sunset to the skies,
 The splendour of its prime;
And leave, if nought so bright may live,
All earth can take or Heaven can give.

Saturn and Love their long repose
 Shall burst, more bright and good
Than all who fell, than One who rose,
 Than many unsubdu'd;
Not gold, not blood their altar dowers
But votive tears and symbol flowers.

O cease! must hate and death return?
 Cease! must men kill and die?
Cease! drain not to its dregs the urn
 Of bitter prophecy.
The world is weary of the past,
O might it die or rest at last!

118) King Laius of Thebes was killed in a quarrel by his son Oedipus, who did not recognize his father. shortly thereafter, Oedipus delivered Thebes from the ravages of the Sphinx by answering its riddle (lines 23-4).

A Dirge

Rough wind, that moanest loud
  Grief too sad for song;
Wild wind, when sullen cloud
  Knells all the night long;
Sad storm, whose tears are vain,
 Bare woods, whose branches strain,
 Deep caves and dreary main, —
  Wail, for the world's wrong!

When the lamp is shattered

When the lamp is shattered
The light in the dust lies dead —
  When the cloud is scattered
The rainbow's glory is shed —
  When the lute is broken
Sweet tones are remembered not —
  When the lips have spoken
Loved accents are soon forgot.

  As music and splendour
Survive not the lamp and the lute,
  The heart's echoes render
No song when the spirit is mute —
  No song — but sad dirges,
Like the wind through a ruined cell,
  Or the mournful surges
That ring the dead seaman's knell.

  When hearts have once mingled

Love first leaves the well-built nest;[119]
  The weak one is singled
To endure what it once possest.
  O Love! who bewailest
The frailty of all things here,
  Why choose you the frailest
For our cradle, your home and your bier?

  Its passions will rock thee
As the storms rock the ravens on high;
  Bright Reason will mock thee,
Like the Sun from a wintry sky.
  From thy nest every rafter
Will rot, and thine eagle home
  Leave thee naked to laughter,
When leaves fall and cold winds come.

119) Love abandons first the sturdier heart. And "the frailest" in the same stanza (line 23) refers to the human heart. "thine eagle home" in the next stanza (line 30) means "like the lofty, and therefore exposed, nest of the eagle."

Manuscript of Keats' 'To Autumn'

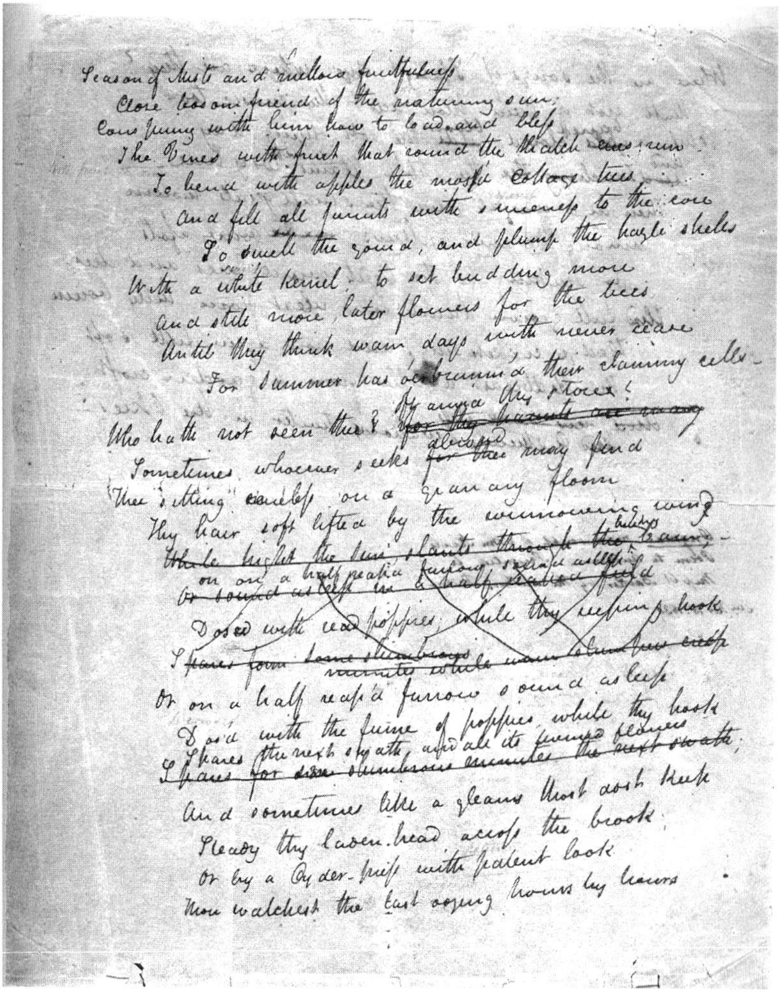

8. 키츠의 부정미학과 「가을에게」

1 시인과 몽상가

키츠(John Keats: 1795-1821)가 26세의 젊은 나이로 세상을 떠난 뒤 공백기로 접어든 영국 시단은 1830년대 초가 되어서야 활기를 띠기 시작한다. 이때 테니슨(Alfred, Lord Tennyson)을 비롯한 몇몇 케임브리지 대학생들은 키츠의 시적 재능을 알아보고 키츠에 주목하며, 특히 테니슨의 친구 밀른즈(Richard Monckton Milnes)는 1848년에 펴낸 키츠 전기 『키츠의 삶과 서간과 문학적 유품들』(The Life, Letters and Literary Remains of John Keats)을 통해 키츠 열풍에 불을 당긴다.[120] 하지만 이 신진 세대의 키츠 열광은 건전한 분별력에서 나온 것이라고는 보기 어렵다. 1880년에 매튜 아놀드(Matthew Arnold)가 키츠 추종자들을 겨냥해 "키츠의 가장 불건강하고 가장 문제성 있는 자질에 주목한다"고 비판했던 것도 그런 열광이 키츠를 올바로 이해하는 데 오히려 장애가 된다고 보았기 때문이다.[121]

빅토리아기 독자들은 '라파엘 전(前) 파'(Pre-Raphaelitism) 시인들 또는 테니슨의 시를 통해 변형된 키츠에게 다가갔다고 할 수 있다. 그들은 키츠의 강인한 생명력과 견실한 감각적 경험, 깊고도 폭넓은 인간애를 외

120) 밀른즈가 수집한 키츠의 자필 원고와 관련 자료들은 나중에 하버드 대학에 기증되어 '휴튼 도서관'(Houghton Library)에 보관·전시되고 있다.

121) "[...] admirers whose pawing and fondness does not good but harm to the fame of Keats; who concentrate attention upon what in him is least wholesome and most questionable." "Introduction to John Keats" of *English Romantic Poets*, ed. and Introductions by M. Bewley, 579.

면한 채 오로지 그의 부드러운 감각성에만 탐닉하는 경향을 보인다. 그들에게 시인이란 일종의 '몽상가'(dreamer)와도 같은 존재로, 상아탑 속에 파묻혀 피안의 세계를 꿈꾸며 현실의 요구를 외면한다 해도 비난받을 수 없는 존재이다. 그래서 그들은 키츠의 시 중에서도 『아녜스 성녀 축일 전야제』(The Eve of St. Agnes: 1819)나 『이사벨라』(Isabella: 1819)처럼 중세적 분위기를 자아내는 로맨스의 세계에서 아름다움을 발견하고는 오로지 거기에 탐닉한다.

그러한 키츠 읽기는 고통과 슬픔으로 점철된 키츠의 인생역정과 때이른 죽음이라는 개인사적 측면으로 인해 더욱더 탄력을 얻는다. 또한 "아름다운 것은 영원한 기쁨이다"(A thing of beauty is a joy forever)로 시작되는 『엔디미언』(Endymion: 1817)의 1절이라든지 "미는 진리요 진리는 미"(Beauty is Truth, Truth Beauty)라고 선언하는 「그리스 유골항아리」(Ode on a Grecian Urn: 1819)의 단정적 진술도 키츠를 "미의 사제"로 보는 경향을 더욱더 부채질한 것이 사실이다. 그러나 관점을 조금 달리하여 키츠의 시를 잘 들여다보면 키츠가 단순히 아름다움만을 추구하는 미의 사제 내지는 몽상가이기는커녕 남성적 강인함을 갖춘 현실지향적인 시인임을 쉽게 인지할 수 있을 것이다. 이를테면 『히페리온의 몰락』(The Fall of Hyperion: 1819)에서 그는 현실을 등지고 아름다움만을 꿈꾸는 시인의 무책임과 해악을 비판하면서, 시인과 몽상가는 본질적으로 "판이한 존재"임을 분명히 한다.

The poet and the dreamer are distinct,
Diverse, sheer opposite, antipodes.
The one pours out a balm upon the World,
The other vexes it. (ll. 199-202)

시인과 몽상가는 분명히 구별되는 존재로,
완전히 대립되고, 정반대 지점에 위치한다.

시인은 세인들에게 방향(芳香)을 쏟아붓고,
몽상가는 그들을 괴롭힌다.

여기에서 키츠가 비판하는 '몽상가'(dreamer)란 현실과의 유대를 상실한 채 몽환적 세계의 아름다움과 신비에 탐닉하는 시인을 지칭하는 것으로, 어느 정도는 그가 평소에 비판적 입장을 보이던 워즈워스와 콜리지를 염두에 두고 있었을 것이다.[122] 또한 이 몽상가에 대한 비판은 아이러니하게도 세기말에 "예술을 위한 예술"(art for art's sake)을 추구하며 그를 추앙했던 현실도피적 예술가들을 예견하기도 한다.

시인의 가장 중요한 임무는 불행한 이들의 고통과 슬픔을 어루만져주고 그들에게 위안과 즐거움을 주는 것이라고 키츠는 생각했다. 폭넓은 인간애에 바탕을 둔 이런 입장은 악화된 폐병을 치료하기 위해 로마로 떠나기 직전 패니 브론(Fanny Brawne)에게 보낸 편지에 좀 더 구체적으로 언급된다. "건강이 허락된다면 머릿속에 간직한 시를 쓸 수도 있겠지요. 그 시는 나와 같은 처지에 있는 사람들에게 위안이 되는 그런 시가 될 것입니다. 당신처럼 자유롭게 사는 사람과 나처럼 사랑에 빠져 있는 사람을 보여주게 되겠지요."[123] 인간애에 바탕을 둔 이 같은 발언에도 불구하고 키츠에 대한 오해가 그토록 오래 지속된 것은 강인한 남성성을 보여주는 촉각적 이미지는 도외시한 채 여성적 부드러움을 간직한 시각적 이미지에만 주목한 결과이다. 이러한 문제의식에 따라 필자는 키츠 시의 미학은 어디까지나 인간애에 바탕을 둔 견실한 현실주의와 폭넓은 수용력에서 비롯되고 있음을 그의 몇몇 편지글과 『엔디미언』(Endymion: 1817)의 1

122) F. W. Bateson, *English Poetry : A Critical Introduction*, 154-155.

123) "If my health would bear it, I could write a Poem which I have in my head, which would be a consolation for people in such a situation as mine. I would show some one in Love as I am, with a person living in such Liberty as you do." "To Fanny Brawne," Aug. 1920, in *Letters of John Keats*, ed. Robert Gittings (London: Oxford UP, 1970), 386.

절을 통해 살펴본 뒤에, 그 같은 관점에서 송시 「가을에게」(To Autumn: 1819)를 읽어보고자 한다.

2 "아담의 꿈"

키츠의 시를 올바로 이해하기 위해서는 우선 그의 편지글에 담긴 미학적 사색의 편린들을 찾아내어 그것을 되새겨 보는 것이 필요하다.[124] 이를테면 1817년 11월 22일 친구 베일리(Benjamin Bailey)에게 보낸 편지에는 그것만을 따로 떼어내어 읽을 경우 오해의 소지가 다분한 유명한 진술이 담겨 있다.

> The imagination may be compared to Adam's dream — he awoke and found it truth. I am the more zealous in this affair, because I have never been able to perceive how any thing can be known for truth by consequitive reasoning — and yet it must be. Can it be that even the greatest Philosopher ever arrived at his goal without putting aside numerous objections. However it may be, O for a Life of Sensations rather than of Thoughts! It is "a Vision in the form of Youth" a Shadow of reality to come — and this consideration has further convinced me for it has come as auxiliary to another favorite speculation of mine, that we shall enjoy ourselves here after by having what we call happiness on Earth repeated in a finer tone and so repeated. And yet such a fate can only befall those who delight in Sensation rather than hunger as you do after Truth — Adam's dream will do here and seems to

124) 동생이나 친구들에게 보낸 키츠의 편지글들은, 비록 오랜 체험을 통해 단련된 원숙함에는 이르지 못하고 있으나, 누구와도 비교할 수 없을 만큼 섬세하고도 깊이 있는 사색을 보여준다. 그의 글은 과감한 발상과 함께 그 발상을 재현하기 위한 절묘한 비유들로 채워져 있을 뿐만 아니라 결론에 도달하기 위한 치열한 몸부림이 담겨 있어 읽는 이로 하여금 감탄을 금할 수 없게 한다.

be a conviction that Imagination and its empyreal reflection is the same as human Life and its spiritual repetition.[125)]

상상력은 아담의 꿈에 비유될 수 있을 것입니다 — 잠에서 깨어보니 꿈속의 일이 실제로 눈앞에 전개되었지요. 나는 그 사건에 더욱더 선망을 느낍니다. 내가 추론적 사유를 통해 어떤 것을 진리로 인식한 적이 지금까지 한 번도 없었기 때문입니다 — 그러나 진리는 인식되어야 하겠지요. 가장 위대한 철학자조차도 수많은 반대의견들을 무시하지 않은 채 그의 목표에 도달한 경우가 있었나요? 어쨌든 "사색으로 채워지는 삶"보다는 오히려 "감흥으로 충만한 삶"이야말로 얼마나 값진 것이겠습니까! 그것은 "젊음의 모습을 한 비전"이자 앞으로 존재할 현실의 '그림자'입니다 — 이런 생각은 이에 부수되는 또 다른 생각으로 나를 이끌어 확신을 갖게 하는데, 이른바 지상에서의 행복을 보다 정교한 음조로 반복해서 맛봄으로써 우리는 저 세상에서 있을 우리 자신의 삶을 맛보게 될 것입니다. 그러나 그런 운명은 당신과 같은 방식으로 진리를 갈망하는 사람들보다는 감흥으로 충만한 삶에 탐닉하는 사람들의 몫일 수밖에 없습니다 — 아담의 꿈의 비유가 적절한 것은 바로 그 때문입니다. 그러기에 상상력과 상상력이 최고천(最高天)에서 반영되는 현상은 인간의 삶과 그 삶이 영적으로 반복되는 현상과 동일하다는 확신에 도달하게 되는 것입니다.

이 글의 내용을 올바로 이해하기 위해서는 이 편지가 쓰여진 맥락을 살펴볼 필요가 있다. 수취인 베일리는 목사가 되기 위해 옥스퍼드 대학에서 신학을 공부하던 학생이었고, 이 글에서 키츠가 '진리'(Truth)라 부르는 것은 기독교 교리를 말한다. '진리'란 개념을 두고 키츠와 논쟁을 벌이는 과정에서 베일리는 기독교 교리에 입각하여 키츠를 괴롭히고 짜증나

---

125) "To Benjamin Bailey," 22 Nov. 1717, *Letters*, 37.

게 했다고 한다(Bewley, 582). 그렇다면 여기에서 키츠가 거부감을 보이는 '사유'(thought)란 이성적 사유를 뜻하는 것으로, 신고전주의적 편협한 합리성을 말한다. 따라서 '감흥'(Sensations)으로 충만한 삶이란 엘리엇이 말한 '통합된 감성'(unified sensibility)을 갖춘 시인의 삶과도 같은 것으로, 종합적으로 사물을 체험하고 인식하는 삶을 의미한다. 20세기 비평문 가운데 가장 유명한 구절, "테니슨과 브라우닝도 시인이며 그들도 생각하지만, 그들은 장미 향기를 냄새 맡듯 즉각적으로 그들의 생각을 느끼지는 못한다"는 진술에 담긴 내용이 바로 키츠의 지향점이라 할 수 있다.[126]

블레이크나 콜리지처럼 키츠도 '추론적 사유'(consequitive reasoning)를 거부하는 이유는 논리적 사유만으로는 진리를 인식할 수 없다는 결론에 도달했기 때문이다. 인간이 현실을 총체적으로 인식할 수 있는 것은 오직 상상력의 작용을 통해서이다. 이렇게 볼 때 인용문의 마지막 문장에 나오는 "상상력"(Imagination)의 작용이란 타락하기 전 아담이 에덴에서 꾼 꿈의 내용을 뜻하며, "상상력이 최고천(最高天)에서 반영되는 현상"(its empyreal reflection)은 꿈속에서 본 이브의 모습이 깨어나자마자 현실화되어 그 앞에 모습을 드러낸 일화를 말한다. 그러기에 시인이 상상력을 통해 현실을 영적으로 변화시킬 때 정화된 현실, "한층 더 정교한 음조"(finer tone)를 띤 현실은 타락하기 전 낙원에서의 이브의 모습과도 같다는 것이다. 그러므로 시인의 상상력은 현실에 바탕을 두고 "감흥"으로부터 출발하지만 상상력의 지향점은 "현실 저 너머"(here after) 영원 또는 불멸과도 같은 상태, 즉 영혼의 초월적 영역이다.

---

126) "Tennyson and Browning are poets, and they think; but they do not feel their thought as immediately as the odour of a rose." "The Metaphysical Poets," in *Selected Essays*, 287.

3 자기부정과 "희열의 체온계"

그렇다면 "감흥"으로 충만한 삶의 모습은 키츠의 시에 어떻게 재현되며, 또 거기에 도달하려면 상상력은 어떤 과정, 어떤 단계를 거쳐야 하는 것일까? 이 질문에 대한 해답의 실마리는 『엔디미언』 1권의 저 유명한 1절에 이렇게 재현된다.

Wherein lies happiness? In that which becks
Our ready minds to fellowship divine,
A fellowship with essence; till we shine,
Full alchemiz'd, and free of space. Behold
The clear religion of heaven! Fold
A rose leaf round thy finger's taperness,
And soothe thy lips: hist, when the airy stress
Of music's kiss impregnates the free winds,
And with a sympathetic touch unbinds
Aeolian magic from their lucid wombs;
Then old songs waken from enclouded tombs;
Old ditties sigh above their father's grave;
Ghosts of melodious prophecyings rave
Round every spot where trod Apollo's foot;
Bronze clarions awake, and faintly bruit,
Where long ago a giant battle was;
And, from the turf, a lullaby doth pass
In every place where infant Orpheus slept.
Feel we these things? — that moment have we slept
Into a sort of oneness, and our state
Is like a floating spirit's. But there are
Richer entanglements, enthrallments far
More self-destroying, leading, by degrees,
To the chief intensity: the crown of these
Is made of love and friendship, and sits high

Upon the forehead of humanity.
All its more ponderous and bulky worth
Is friendship, whence there ever issues forth
A steady splendour; but at the tip-top,
There hangs by unseen film, an orbed drop
Of light, and that is love: its influence,
Thrown in our eyes, genders a novel sense,
At which we start and fret; till in the end
Melting into its radiance, we blend,
Mingle, and so become a part of it, —
Nor with aught else can our souls interknit
So wingedly: when we combine therewith,
Life's self is nourish'd by its proper pith,
And we are nurtured like a pelican brood. (ll. 777-815)

행복은 어디에 있는가? 우리의 준비된 마음을
신성한 교감, 본질과의 교감에로 손짓하며 부르는
바로 그곳에. 그때 우리는 빛을 발하지,
완전히 정제되고 시공을 초월하여.
보라, 저 티 없이 맑은 천상의 종교를!
장미꽃 잎사귀 손가락 끝에 휘감아
그대 입술 진정시켜라. 그리고 들어보라,
음악소리 가볍게 입맞춤하며 산들바람 잉태하고
그 따스한 손길로 맑은 바람자궁으로부터
이올러스의 마력 풀어놓을 때면,
구름 덮인 묘지에서 옛 노래들 깨어나고,
구슬픈 옛 이야기는 선조들의 무덤에서 한숨짓는다.
아폴로의 발길 닿았던 곳에선
혼령들이 예언의 노래 부르며 시끌벅적 뛰어다니고,
오래전 엄청난 전투 벌어졌던 그곳에서는

청동 나팔 잠에서 깨어나 가늘게 울려 퍼지고,
오르페우스 젖먹이 적 잠자던 잔디밭에는
들릴 듯 말 듯 자장가소리 스쳐 지나간다.
이러한 것들 그대 느끼는가? — 그 순간 우리는
일종의 하나 되어 잠이 들고,
떠다니는 혼령과도 같은 상태에 있게 된다.
그러나 보다 더 풍요로운 뒤엉킴,
스스로를 더욱더 파괴하면서, 단계적으로,
최고의 강렬함으로 이끄는 홀림이 있으니,
그 홀림의 정점은 사랑과 우정,
그것은 인간의 이마 위에 높이 앉아 있다.
인간의 육중하고 광대한 가치는
우정으로, 거기에서 끊임없이 광채 솟아난다.
그러나 최고의 정점에는 둥근 빛 방울져
눈에 보이지 않는 거미줄에 매달려 있나니,
그것은 사랑. 사랑의 힘이
우리 눈에 새롭고 신기한 느낌 잉태할 때면
우리는 깜짝 놀라 가슴 두근거리고, 그러다 마침내
사랑의 광휘 속으로 녹아들어, 사랑과 뒤섞이고,
그래서 사랑과 하나가 된다 —
우리의 영혼은 다른 그 무엇과도
이처럼 날개 감싸인 듯 융합되는 일 없고,
사랑과 하나될 때 우리의 생명은
바로 그 사랑의 골수(骨髓)로 양육되고,
펠리칸 새끼마냥 우리는 사랑을 먹고 산다.[127]

127) 펠리칸은 추운 겨울에 먹이를 찾을 수 없을 때면 새끼들에게 제 살을 뜯어

블레이크처럼 키츠도 인간의 '자아'(self)란 편협하기 그지없는 것으로 끊임없이 무언가를 소유하려 드는 존재로 보았다. 시인이 다른 인간 다른 사물과 다른 점이 있다면, 모든 사물에는 고유의 정체성이 존재하는 데 반하여, 시인에게는 '자아'도 자아를 구성하는 '정체성'(identity)도 존재하지 않는다는 점이다. 아니 그것이 존재하더라도 시인은 자아와 정체성을 소멸시키려고 끊임없이 노력하는 존재이다. 리차드 우드하우스(Richard Woodhouse)에게 보낸 편지에는 위에 인용한 『엔디미언』의 1절과도 맥이 닿는 "자아부정의 시학"(the poetics of self-denial)이 이렇게 개진된다.

> As to the poetical Character itself [...] it is not itself — it has no self — it is every thing and nothing — It has no character — it enjoys light and shade; it lives in gusto, be it foul or fair, high or low, rich or poor, mean or elevated — It has as much delight in conceiving an Iago as an Imogen. What shocks the virtuous philosopher, delights the cameleon Poet. It does no harm from its relish of the dark side of things any more than from its taste for the bright one; because they both end in speculation. A Poet is the most unpoetical of any thing in existence, because he has not Identity — he is continually in for — and filling some other Body — the Sun, the Moon, the Sea and Men and Women who are creatures of impulse are poetical and have about them an unchangeable attribute — the poet has none; no identity — he is certainly the most unpoetical of all God's Creatures. (Letters, 157)

> 시적인 인간의 성격에 관하여 말하자면 [...] 시적인 인간에게는 성격 자체가 존재하지 않으며 — 거기에는 자아란 것이 없습니다 — 그것

먹여 살리는, 대단히 모성이 강한 새로 알려져 있다.

은 모든 것이면서 아무것도 아닙니다 — 시인의 자아에는 독특한 성격 같은 것이 존재하지 않습니다 — 시인은 빛과 그늘을 향유하지요. 더럽든 아름답든, 높든 낮든, 부유하든 가난하든, 비열하든 숭고하든, 그는 넘치는 활기 속에서 삶을 향유하지요 — 시인은 이모젠 같은 인간 못지않게 이아고 같은 인간을 마음속에 그려보는 데서 즐거움을 느낍니다. 도덕군자에게 충격적인 것이 카멜레온 시인을 즐겁게 합니다. 사물의 밝은 면을 맛본다 해서 아무런 해가 없듯이 사물의 어두운 면을 즐긴다 해서 세상에 해를 끼치는 것은 아닙니다. 밝은 면과 어두운 면 모두가 사색으로 끝이 나기 때문입니다. 시인은 존재하는 사물들 가운데서 가장 비(非)시적인 존재일 것입니다. 그에게는 정체성이란 게 없으며 — 그는 끊임없이 무언가를 찾아나서고 — 다른 사물의 내부를 채워주려 합니다 — 충동의 피조물인 태양과 바다와 남자와 여자들은 시적인 존재들로, 그들에게는 불변의 속성이 있습니다 — 그러나 시인에게 그러한 것은 없으며 정체성 또한 없는 것입니다 — 시인이야말로 하느님의 모든 피조물 가운데서 가장 비시적인 존재임이 분명합니다.

르네상스기 이래 서구 사회에서는 인간 개개인의 특성이 존중되어 왔고, 그래서 시인이 독자의 마음을 사로잡기 위해서는 남다른 개성과 함께 독창성이 줄기차게 요구되었다. 그런데 키츠에게 시인은 자아를 소멸시키려고 끊임없이 노력하는 존재이다. 시인은 마음이 텅 비어 있을 때 사물에게 가장 잘 다가갈 수 있고 또 그 사물의 본질과도 교감할 수 있다는 것이다. 신성과 불멸의 문턱으로 안내하는 "공감적 상상력"(emphatic imagination)의 출발점은 어디까지나 섬세한 감각작용, 즉 '감흥'(sensation)이며, 감흥으로 충만한 삶은 언제나 시인에게 기쁨과 행복을 선사한다.

동생 톰에게 보낸 1817년 12월 21일자 편지에서도 그는 공감적 상상력과 관련된 매우 중요한 발언과 함께 "부정력"(Negative Capability)이란 용어를 선보인다. 성공한 시인, 성공한 작가는 어떤 자질을 갖추고 있는 것일까? 셰익스피어는 도대체 어떤 자질을 갖추고 있었기에 그토록 탁월한 작품들을 그토록 많이 생산할 수 있었던 것일까? 그는 이런 의문을 제기하면서, 셰익스피어를 비롯한 성공한 시인들은 보통사람들이 갖추지 못한 부정력의 소유자들이라고 서술한다. 부정력이란 "인간이 사실과 이성을 좇느라 안달하는 일 없이, 불확실, 신비, 의혹의 여러 국면에 안존할 수 있을 때" 비로소 갖추게 되는 자질이라는 것이다.[128] 키츠가 처음이자 마지막으로 사용한 이 용어는 대단히 애매모호해 보이면서도 풍부한 암시력을 발산하고 있다. "사실과 이성을 좇느라 안달하지 않고"란 구절은 블레이크의 이성혐오와 함께 신고전주의 지성풍토에 대한 낭만주의 작가들의 반감을 떠올리며, "불확실, 신비, 의혹의 여러 국면에 안존할 수 있는" 자질이란 워즈워스와 콜리지의 신비적 체험과도 맥이 닿아 있다. 단순화의 위험을 무릅쓰고 말하자면, 한마디로 "부정력"이란 마음을 텅 비우고 온갖 세상사를 수용하는 능력이라 할 수 있다. 그러나 마음을 텅 비운다고 해서 불교에서 말하는 열반(涅槃: nirvana)이나 해탈(解脫)의 경지와 같다고는 볼 수 없다. 마음을 텅 비운 상태에서도 시인은 감각기관을 통해 흘러드는 온갖 자극들을 기존의 관념체계 내에서 예술적으로 재구성하지 않으면 안 되기 때문이다.[129]

---

128) "I had not a dispute but a disquisition with Dilke, on various subjects; several things dove-tailed in my mind, & at once it struck me, what quality went to form a Man of achievement especially in Literature & which Shakespeare possessed so enormously — I mean Negative Capability, that is when man is capable of being in uncertainties, Mysteries, doubts, without any irritable reaching after fact & reason. [...]" "To George and Tom Keats," December 21, 1817. *Letters*, 43.

129) 키츠의 '부정력'(negative capability)은 자아를 부정함으로써 온갖 현상들이 마음속으로 흘러들게 한다는 점에서 이정호 교수가 말하는 "마음 비우는 능력"과 유사하지만, 어디까지나 그것은 시 창조력과 관계되는 것이기에 거기

『엔디미언』의 1절에서도 볼 수 있듯이, 감각작용에서 비롯되는 기쁨의 감정은 "희열의 체온계"로 비유되는 시인의 마음을 한 단계 한 단계 고조시키다가 급기야는 최고의 강렬함으로 이끈다. 이와 관련하여 키츠는 『엔디미언』의 1절을 두고 출판업자 존 테일러(John Taylor)에게 이렇게 써 보낸 바 있다. "이 부분을 쓸 때 저의 상상력은 진리를 향해 한 걸음 한 걸음 다가갔지요. 이 부분은 제가 쓴 시의 어느 부분보다도 저에게 더 도움이 되리라 생각됩니다. 그것은 마치 희열의 체온계처럼 나에게 행복의 눈금들을 제시하고 있기 때문입니다."[130] 키츠의 이 진술을 와써먼(Earl R. Wasserman)은 키츠 시 전반에 적용하면서 시 분석의 주요 지표로 삼고 있다.[131] 첫 단계로 시인은 장미꽃잎을 손가락 끝에 휘감아 그 향기를 음미한다(780-783). 즉 그는 자연의 아름다움에 탐닉하며 기쁨을 맛보는 것이다. 다음 단계로 시인은 민요와 서사시와 로맨스 같은 과거 예술작품에 심취한다(783-797). 마지막 단계는 사랑과 우정의 단계로(797-813), 자연물에 대한 탐닉에서 예술작품에 대한 탐닉으로 나아갈 때 시인의 감정은 한 단계 더 고조되고, 그러다 이윽고 우정과 사랑에 몰입하게 되면 시인의 자아가 완전히 소멸되고 대상과 하나 되어 마치 공기 중에 둥둥 "떠다니는 혼령"과도 같은 존재가 된다. 이제 시인은 사물의 본질과 교감

에는 시인의 의식과 의지가 개입되기 마련이다. 따라서 '부정력'은 불교에서 말하는 "무아(無我)의 경지에 이를 수 있는 자질 또는 마음의 상태"와는 다소 다르다고 생각된다. 더구나 "negative capability"를 "마음 비우는 능력"이라고 한글로 개념화할 경우 개념 설명으로는 적합할지 몰라도 개념을 담은 용어로는 부적절하게 느껴진다. 이정호 저, 『영시 새로 읽기: 워즈워스, 키츠 그리고 T. S. 엘리엇』 (서울대학교출판부, 1998), 2-6쪽 참조.

130) "When I wrote it, it was the regular stepping of the Imagination towards a Truth. My having written that Argument will perhaps be of the greatest Service to me of anything I ever did — It set before me at once the gradations of Happiness even like a kind of Pleasure Thermometer." "To John Taylor," 30 Jan., 1818. *Letters*, 59-60.

131) Earl R. Wasserman, *The Finer Tone: Keats' Major Poems* (Baltimore: Johns Hopkins UP, 1953), 22-26.

하는 신성의 영역으로 들어서는 것이다.

시작(詩作) 활동의 초기에 쓴 「수면과 시」(Sleep and Poetry: 1816)에서도 키츠는 앞으로 십 년 동안은 시를 쓸 수 있을 것으로 낙관하면서, 시인으로서 자신이 나아갈 방향을 '희열의 체온계'(Pleasure Thermometre)와 동일한 단계로 설정한다. 처음에는 신화와 로망스의 세계에서 자연의 아름다움에 탐닉하는 단계이다.

First the realm I'll pass
Of Flora, and old Pan: sleep in the grass,
Feed upon apples red, and strawberries,
And choose each pleasure that my fancy sees. (ll. 101-104)

처음에는 꽃신(花神)과 늙은 목신(牧神)의 영역을 지나며
풀밭에서 잠자고,
붉은 사과 산딸기 따 먹으며
공상(空想)이 하자는 대로 즐거움 맛보리.

이 단계에서 그의 시는 점점 더 감각적이 되고, 더욱더 성적인 면을 보여주게 될 것이다.

Till in the bosom of a leafy world
We rest in silence, like two gems upcurl'd
In the recesses of a pearly shell. (ll. 119-21)

마침내 나뭇잎 우거진 세상의 가슴에 안겨
진주 머금은 조개껍질 후미진 곳에 포개어 잠든
두 개의 주옥(珠玉)마냥 고요함 속에 쉬리라.

그러나 이렇듯 강렬한 성적 교감의 단계에만 안주할 수는 없는 일이다.

시인은 "더욱더 고귀한 삶"으로 나아가 "인간의 가슴속에 깃든 고뇌와 분쟁"을 최종적으로 노래하지 않으면 안 되기 때문이다.

And can I ever bid these joys farewell?
Yes, I must pass them for a nobler life,
Where I may find the agonies, the strife
Of human hearts. (ll. 122-25)

이런 기쁨과 언젠가는 작별인사 나눌 수 있을까?
그렇지, 그것들 지나쳐
더욱더 고귀한 삶으로 나아가야 하리.
그러면 거기서 인간의 가슴속에 깃든
고뇌와 분쟁을 발견할 수도 있으리.

계획을 세운다고 다 실천되는 것은 아니지만 키츠는 그로부터 약 오 년 뒤 로마에서 세상을 떠나기까지 초기와 중기 단계를 거쳐 인간의 고뇌와 갈등을 노래하는 후기 단계로 접어들고 있었다. 특히 1819년 한 해 동안에는, 세상 떠날 날이 머지않음을 감지했음인가, 그의 시적 재능이 분출한다. 이 "기적적인 해"(annus mirabilis)에 쓴 다섯 편의 송시(頌詩)와 『히페리온의 몰락』에서 우리는 키츠의 인간애와 수용력을 확인할 수 있다. 그래서 오늘날 키츠를 소중히 여기는 키츠학자들은 그의 때 이른 죽음을 아쉬워하면서, 그가 좀 더 오래 살았더라면 세상의 온갖 악과 고통에 대하여 셰익스피어와도 같은 통찰을 보여줄 수 있었을 것으로 기대하는 것이다.

4 공감적 상상력의 발현: 「가을에게」

1821년 2월 23일 로마에서 조지프 세번(Joseph Severn)이 지켜보는 가운데 어머니와 동생 톰(Thomas Keats)의 생명을 앗아간 폐병과 사투를 별이면서, "물로 비명을 쓴(새긴) 이/ 여기 누워 있노라"(Here lies One/ Whose Name was writ in Water)는 비감 어린 비명(碑銘)을 남기고 죽어 간 천재 시인 키츠. 그가 죽음의 길로 떠나기 일 년 전에 쓴 시들 중에서도 인간과 자연에 대하여 가장 원숙하고 수용적인, 그래서 앞에서 고찰한 "공감적 상상력"의 작용을 가장 잘 보여주는 시로 평가받는 「가을에게」(To Autumn: 1819)를 같은 맥락에서 검토해 보고자 한다.

형식상 이 시는 시인이 가을의 정경을 바라보며 영탄조로 가을을 서술하는 형식으로 되어 있지만, 꼼꼼히 들여다보면 사실은 시인의 자아가 소멸되어 가을과 교감하고 있음을 알 수 있다. 특히 1연과 2연의 이미지들은 인식의 주체인 시인과 인식대상인 가을이 풍요롭게 뒤섞여 "일종의 하나인 존재"(a sort of oneness)로 변화되고 있음을 알 수 있다.[132] 더구나 이 시에 재현된 가을은 정지된 모습이 아니라 끊임없이 움직이는 자연현상으로, 몇몇 시간대의 서로 다른 공간에서 일순간 포착된 정경들로 구성되어 있다. 느뫄누(Virgil Nemoianu)가 이 시의 변증법적 운동 구조를 분석하여 보여주듯이, 이 시는 "가을의 의식"을 반영하는 시로서, 의인화된 가을은 자신의 운동과 자신을 에워싼 사물들을 통하여 자신의 원래 모습을 드러낸다고 하겠다.[133]

Season of mists and mellow fruitfulness,
  Close bosom-friend of the maturing sun;
Conspiring with him how to load and bless

132) James Lott, "Keats's 'Autumn': The Poetic Consciousness and the Awareness of Process," in *Studies in Romanticism,* 9/2 (1920), 71-81.

133) "[...] 'To Autumn' reflects the self-consciousness of Autumn. Nature is questioning itself and answering itself by movements and objects. Nature itself, rather than any of its forms or any of the ways of perceiving it, would appear to be the ultimate (and underlying) object in Keats's poem." Virgil Nemoianu, "The Dialectics of Movement in Keats's 'To Autumn'", in *PMLA* (March, 1978), vol. 93, n. 2, 210.

With fruit the vines that round the thatch-eaves run;
To bend with apples the moss'd cottage-trees,
And fill all fruit with ripeness to the core;
To swell the gourd, and plump the hazel shells
With a sweet kernel; to set budding more,
And still more, later flowers for the bees,
Until they think warm days will never cease,
For Summer has o'er-brimm'd their clammy cells.

안개와 달콤한 과일로 넘쳐나는 계절이여,
온갖 과일 숙성시키는 태양의 소꿉친구여.
초가집 처마 밑 달리는 포도넝쿨
포도송이로 짐 지워 축복하고,
초가집 이끼 낀 사과나무 가지 휘어지게 하고,
온갖 과일들 속 끝까지 숙성시키네.
조롱박을 부풀리고, 달콤한 속살로 개암열매 살찌우고,
꿀벌들을 위해서는 때늦은 꽃들 더욱더 피어나게 하여,
포근한 나날들 한없이 이어질 것으로 착각하게 하지,
여름이 끈적끈적한 벌집 넘쳐나게 해 왔기에.

첫 연에서 가을은 어떤 모습으로 재현되고 있는가? 아침녘의 짙은 안개, 안개가 걷힌 뒤에 뜨겁게 내리쪼이는 햇살, 태양빛 아래서 익어가는 온갖 과일들, 그 모두가 가을의 풍요로움을 말하여 준다. 포도송이로 축처진 포도넝쿨, 무게를 못 이겨 휘어진 사과나무 가지, 부풀 대로 부풀어 오른 흥부박, 통통하게 살이 오른 개암나무 열매, 흐드러지게 피어난 꽃들, 그 꽃들 주위로는 꿀벌들이 부산하게 오가며 꿀을 모아들이고, 벌통 밖으로 흘러넘치는 끈적끈적한 꿀은 보는 이로 하여금 군침이 절로 돌게 한다.

더구나 이 연의 구문은 주목할 만하다. "안개와 달콤한 과일로 넘쳐나는 계절이여, 온갖 과일 숙성시키는 태양의 소꿉친구여" 하고 호격(呼格)으로 시작되는 이 연에는 호격이 주어 역할을 하고 있다. 그런데 이 주어를 이어받을 술어동사가 보이지 않는다. 술어동사의 역할을 대신하는 것은 호격 다음에 이어지는 "conspiring"이란 분사인데, 이 분사에 종속된 부정사들(load, bless, bend, fill, swell, plump, set)이 첫 연이 끝날 때까지 한없이 이어진다. 정형동사들이 없는 것은 아니지만(run, think, will cease, has o'erbrimm'd), 이 동사들은 모두 종속절에 포함되어 있을 뿐만 아니라 "conspiring"이란 분사와 관계되기보다는 부정사들과 관계를 맺고 있다. 이처럼 통상적인 구문으로부터 이탈함으로써 전체적으로 첫 연은 상황이 급박하게 돌아간다는 느낌보다는 단일한 상황이 완만하게 지속되고 있다는 느낌을 주는 것이다.[134] 변화하는 여러 상황들 가운데서 특정 시점의 특정 상황을 순간적으로 포착하여 거기에 집중하는 이러한 방식을 두고 키츠 연구가 월터 잭슨 베이잇(Walter Jackson Bate)은 운동과 정지의 순간적 통합 상을 보여준다면서 "stationing"이라 부른 바 있다.[135]

이 연에 재현된 가을은 야생의 자연이 아니라 인간의 손에 길들어진 자연이다. 여기에 동원된 자연물들은 모두가 인간의 지배를 받고 인간에게 봉사하는 것들로, 특히 "초가 나무"(cottage-trees)에는 이끼가 자라고 있어 인간이 오랫동안 정착했음을 말하여 준다. 다음 연에 오면 인간화된 자연의 모습은 "stationing" 기법을 통해 더욱더 부각된다.

Who hath not seen thee oft amid thy store?
  Sometimes whoever seeks abroad may find
Thee sitting careless on a granary floor,
  Thy hair soft-lifted by the winnowing wind;
Or on a half-reap'd furrow sound asleep,

134) Charles Barber, *Poetry in English: An Introduction*, 55.
135) Walter Jackson Bate, *Keats* (Cambridge, Mass.: Harvard UP, 1963), 582.

Drows'd with the fume of poppies, while thy hook
    Spares the next swath and all its twined flowers:
And sometimes like a gleaner thou dost keep
  Steady thy laden head across a brook;
  Or by a cyder-press, with patient look,
    Thou watchest the last oozings hours by hours.

수확물 사이에서 그대 모습 자주 보지 못한 이 누구런가?
  집 밖에서 그대 모습 찾으려는 이는 간혹 볼 수 있으리,
키질하는 바람에 머리칼 부드럽게 나부끼며
  헛간 바닥에 퍼질러 앉아 있는 그대 모습을.
혹은 반쯤 베어낸 밭이랑 위에서
  양귀비 향기에 취해 곤히 잠들어 있는 그대 모습을,
    야생화 뒤엉킨 밭이랑일랑 앞에 남겨둔 채.
때로는 이삭 줍는 여인마냥 머리에 봇짐 이고
  조심조심 위태롭게 징검다리 건너가고,
  압착기 옆에선, 참을성 있는 눈으로,
    마지막 방울방울 몇 시간이고 지켜보네.

여기에서도 가을은 여성 혹은 남성으로 의인화되어 수확과 관계하고 있다. 밭 근처 곡물창고 바닥에 퍼질러 앉아서 쉬고 있는 가을은 산들바람에 머리칼을 부드럽게 흩날리는가 하면 갓 수확한 곡식을 키질하기도 한다. 점심을 먹고 난 뒤에는 식곤증에다 양귀비 향기에 취해 밭고랑에 아무렇게나 드러누워 오수에 깊이 빠져든다. 혹은 곡식을 다 거둬들인 뒤 이삭을 주워 모아 머리에 봇짐 이고 개울가 징검다리를 조심조심 건너가거나, 사과 압착기 옆에 앉아 똑똑 떨어지는 사과즙 방울을 몇 시간이고 지켜보기도 한다.

이 연에서는 행과 행의 이음새에 특히 주목할 필요가 있다. 13-14행에

서 술어동사 "may find"와 목적어 "thee"는 서로 분리되고 있는데 그렇게 함으로써 목적어 "thee"가 특별히 강조되고, 그 결과 시골농부이기를 기대했던 "그대"는 곧 의인화된 가을 자신임이 확연하게 드러난다. 이보다 더 절묘한 리듬은 19-20행에서이다. 여기에서는 "keep/ steady"의 행 분리로 인해 단어 하나하나가 부각되고 또 거기에 강세가 주어짐으로써, 봇짐 이고 조심조심 개울을 건너는 시골아낙네의 걸음걸이가 탁월하게 재현되고 있다. 22행의 "last oozings hours by hours"의 경우에는 장모음, 삼중모음의 병렬(竝列)을 통해 천천히 지속적으로 느리게 떨어지는 사과즙 방울과 몇 시간이고 그것을 지켜보는 가을의 완만한 움직임을 잘 살려내고 있다.[136]

인간의 노동이 암시되고 있기는 하지만 앞 연에서처럼 이 연에서도 인간과 사물의 움직임은 거의 찾아볼 수 없다 해도 과언이 아니다. 이 연이 조성하는 전반적인 분위기는 꿈 같은 고요와 평온의 분위기이다. 가을은 부산하게 움직이는 일 없이 앉아서 쉬고 있거나 아니면 잠들어 있다. 압착기에서 떨어지는 사과즙 방울을 지켜볼 때조차도 가을은 조용히 앉아 있다. 유일한 움직임은 이삭봇짐 머리에 이고 개울을 건너는 시골아낙네의 모습인데, 이 경우에도 밀레(J. Millet)의 "만종"이나 "이삭 줍는 여인"에서나 볼 수 있는 고요한 가을저녁의 풍경을 연상케 한다. 충만감과 이완된 휴식과 평온이 연 전체를 감싸고 있어 2연의 분위기는 가히 '천년지복'(millennium)의 상태라 할 만하다(Bloom, 432-433). 3연은 2연의 고요와는 조금 다르게 가을의 음향들로 가득 차 있다.

Where are the songs of spring? Ay, where are they?
  Think not of them, thou hast thy music too, —

---

136) 이 시에서 의미와 리듬 사이의 호응관계에 대해서는 로빈 메이헤드(Robin Mayhead)가 잘 분석하고 있다. *John Keats* (London: Cambridge UP, 1967), 95-101.

While barred clouds bloom the soft-dying day,
  And touch the stubble-plains with rosy hue;
Then in a wailful choir the small gnats mourn
  Among the river sallows, borne aloft
    Or sinking as the light wind lives or dies;
And full-grown lambs loud bleat from hilly bourn;
  Hedge-crickets sing; and now with treble soft
  The red-breast whistles from a garden-croft;
    And gathering swallows twitter in the skies.

봄의 노래는 어디에 있나? 아! 그것은 어디에?
  봄의 노랠랑 생각지 말라, 그대에게도 그대 노래 있기에 —
줄무늬구름이 부드럽게 사라져가는 하루를 꽃피우며,
  들판 그루터기 장밋빛으로 물들일 때면,
갯버들 사이에선 각다귀들이 가벼운 바람결에 휘날리며
  구슬픈 합창으로 사라져가는 하루를 슬퍼하고,
산허리 개울 목장에서는 다 자란 양들이 큰 소리로 울음 울고,
  여치들이 노래하고, 남새밭에선 홍방울새가
  떨리는 고음으로 부드럽게 휘파람 불고,
    모여드는 제비들은 하늘에서 지지배배 지저귀네.

2연에 이어 3연에서도 저녁노을과 붉게 물든 들판이라는 시각적 이미지가 없는 것은 아니나, 3연에는 곤충과 새와 동물의 음향들로 이루어진 청각적 이미지로 넘쳐난다. 또한 앞의 두 연에서와는 달리 여기에는 야생의 자연이 길들어진 자연과 병존한다. 계절의 사라짐을 호곡하는 각다귀의 울음소리, 산허리 개울 목장에서 들려오는 양들의 울음소리, 홍방울새의 부드러운 고음, 떨리는 노랫소리, 강남 갈 채비 서두르는 제비들의 지저귐. 이 모든 가을의 음향들은 가냘픈 고음으로 구슬픈 음조를 띠고 있다. 1연의 풍요로움과 2연의 이완된 휴식과 평온은 3연에서는 더 이상 찾

아볼 수 없고, 대신에 애조 띤 가락들로 인하여 막연한 불안감이 연 전체를 감싼다.

그렇다면 세 연으로 이루어진 이 시에서, 각 연들 간의 관계는 어떻게 전개되며, 전체적으로 이 시는 무엇을 지향하는 것일까? 각 연들을 자세히 들여다보면 각 연들 간에는 모종의 발전적 움직임이 이루어지고 있음을 알 수 있다. 우선 시간적 측면에서 1연의 배경은 오전에서 정오까지의 시간대이며, 2연은 오후시간대이며, 3연은 일몰이 다가오는 저녁시간대임을 알 수 있다. 계절적으로도 1연의 배경은 늦여름이거나 초가을이라면, 2연은 무르익은 가을의 모습이며, 3연은 추수가 끝난 늦가을 또는 겨울의 문턱에 다가서 있다(Barber, 57-58; Nemoianu, 206). 그러므로 이 시는 초가을의 풍요로움에서 초겨울의 스산함에 이르기까지 계절의 순환을 암시하고 있어, 마지막 연의 애조 띤 음향들은 계절의 사라짐을 슬퍼하는 만가의 역할을 한다. 2연의 천년지복의 상태는 최후의 심판을 예고하는 묵시적(apocalyptic) 상황으로 바뀌는 것이다.

이와 비슷한 운동이 또 다른 측면에서 일어나고 있다. 첫 연은 사과, 개암나무열매, 박, 포도송이 등 잘 익은 과일들의 중량감으로 인하여 "정지된" 부동의 느낌이 지배적이다. 이에 비하며 둘째 연의 사물들은 좀 더 가볍고 경쾌하며 어느 정도는 움직임의 동작도 보인다. 셋째 연의 경우 곤충과 동물과 새들의 움직임은 창공을 향해 빠르게 움직이며, 더욱이 거기에는 불안한 기색이 감돈다. 그런 현상은 이 시의 공간적 발전의 일부라 할 수 있다. 시가 진행될수록 시간대의 다변화와 함께 공간의 확장이 이루어지기 때문이다(Nemoianu, 206-207).

온갖 과일로 넘쳐나는 첫 연은 농가의 과수원이란 폐쇄된 공간으로 한정되어 있다. 이 공간은 무성하게 자란 풀과 짙은 꽃향기와 짙은 꿀맛과 더불어 자연의 미분화된 원시적 공간이라 할 수 있다. 이에 비하면 2연의 공간은 곡물창고, 사과 압착기, 곡식을 베어낸 들판 등 마을이라는 인간공동체로 확대된다. 이 공간도 구획지어진 제한된 공간이기는 하지만 앞 연의 공간에 비하면 보다 더 확장되어 있음을 알 수 있다. 마지막 연에서는 인간의 시야가 닿을 수 있는 최대한의 범위로 공간이 더욱 확장된다. 붉게 물든 노을, 장밋빛으로 채색된 들판, 저 멀리 산허리 실개천, 시냇가에 서있는 갯버들, 공중을 날아다니는 곤충과 새들로 시야는 시시각각 이동한다. 마지막 연에서 자연의 음향이 지배적인 것은 이렇듯 공간이 확장된 결과이기도 하다. 공간이 넓어져 사물과의 거리가 멀어질수록, 그리고 황혼이 짙어져 암흑이 다가올수록, 시각의 기능보다는 청각의 기능이 더 예민해지고 또 청각에 의존할 수밖에 없기 때문이다.

시간적·공간적 발전의 결과 다다른 마지막 연의 묵시적 분위기는 시인의 슬픔과 절망감을 내비치는 것일까? 3연을 잘 들여다보면 꼭 그렇지만도 않음을 알 수 있다. 다 자란 양들은 산허리 울타리를 떠나 집으로 돌아오고, 제비는 조만간 따뜻한 강남땅으로 떠나가리라. 무성한 여름과 풍성한 가을을 만끽하던 곤충들은 새봄에 애벌레로 다시 태어날 수 있게 되기를 기대하면서 두꺼운 껍질을 뒤집어쓰고 땅속 어디엔가 묻혀 겨울을 나겠지. 개체(個體)의 죽음과 소멸은 자연의 운행 과정의 일부일 뿐, 그것은 자연이 조성하는 전반적 흐름 내에서 연속성을 지속적으로 확보해 나간다(Mayhead, 96). 마지막 연의 애조 띤 가락 그 어느 하나에도 부드러움과 애잔함이 반복적으로 암시되는 것은 바로 그 때문이다. 그래서 우리는 이 시를 키츠의 '부정력'(negative capability)이 최대한 발현된 시로, 죽음과 소멸까지도 수용하는 고요하고 차분한 "명상의 시"(a poem of contemplation)로 읽게 되는 것이다.[137]

---

137) "[...] the repeated suggestions of gentleness and softness — 'small gnats,' 'light wind,' 'lambs,' 'treble soft,' 'twitter' — suffuse the stanza with a tone of tenderness: and the objectivity of the last few lines suggests an acceptance which includes even the fact of death [...] The ode is after all a poem of contemplation [...] and the poem as a whole expresses an emotional reconciliation to the human experience of process." David Perkins, *The Quest for Permanence*: *The Symbolism of Wordsworth, Shelley, Keats* (Cambridge, Mass.: Harvard UP, 1959), 289-294.

Supplementary Reading

On First Looking into Chapman's Homer

Much have I traveled in the realms of gold,
And may goodly states and kingdoms seen;
Round many western islands have I been
Which bards in fealty to Apollo hold.
Oft of one wide expanse had I been told
That deep-browed Homer ruled as his demesne;*
Yet did I never breathe its pure serene*
Till I heard Chapman speak out loud and bold;
Then felt I like some watcher of the skies
When a new planet swims into his ken;
Or like stout Cortez when with eagle eyes
He stared at the pacific — and all his men
Looked at each other with a wild surmise
— Silent, upon a peak in Darien.

* demesne: realm, feudal possession
* serene: clear expanse of air

"A thing of beauty is a joy forever...":
— from *Endymion: A Poetic Romance*

A thing of beauty is a joy forever:
Its loveliness increases; it will never
Pass into nothingness; but still will keep

A bower quiet for us, and a sleep
Full of sweet dreams, and health, and quiet breathing.
Therefore, on everymorrow, are we wreathing
A flowery band to bind us to the earth,
Spite of despondence, of the inhuman dearth
Of noble natures, of the gloomy days,
Of all the unhealthy and o'er-darkened ways
Made for our searching: yes, in spite of all,
some shape of beauty moves away the pall
From our dark spirits. Such the sun, the moon,
Trees old, and young, sprouting a shady boon
For simple sheep; and such me daffodils
With the green world they live in; and clear rills
That for themselves a cooling covert make
'Gainst the hot season; the mid-forest brake,
Rich with a sprinkling of fair must-rose blooms
And such too is the grandeur of the dooms
We have imagined for the mighty dead;
All lovely tales that we have heard or read:
An endless fountain of immortal drink,
Pouring unto us from the heaven's brink.

When I Have Fears

When I have fears may I may cease to be
Before my pen has gleaned my teeming brain,
Before high-piled books, in charact'ry,
Hold like rich garners the full-ripened grain;
When I behold, upon the night's starred face,
Huge cloudy symbols of a high romance,
And think that I may never live to trace
Their shadows, with the magic hand of chance;
And when I feel, fair creature of an hour,

That I shall never look upon thee more,
Never have relish in the fairy power
Of unreflecting love! — then on the shore
Of the wide world I stand alone, and think
Till Love and Fame to nothingness do sink.

Bright Star

Bright star, would I were steadfast as thou art —
Not in lone splendor hung aloft the night
And watching, with eternal lids apart,
Like nature's patient, sleepless Eremite,
The moving waters at their priestlike task
Of pure ablution round earth's human shores.
Or gazing on the new soft fallen mask
Of snow upon the mountains and the moors —
No — yet still steadfast, still unchangeable,
Pillowed upon my fair love's ripening breast,
To feel forever its soft fall and swell,
Awake forever in a sweet unrest,
Still to hear her tender-taken breath.
And so live ever — or else swoon to death.

La Belle Dame sans Merci: A Ballad[138)]

138) The title of this very famous ballad means "The Beautiful Lady without Mercy/Pity", and there are two versions. The version here is from the original manuscript which has been considered the better one. The second version begins, "Ah, what can ail thee, wretched wight." The original version is found in a letter to Keats's brother, George, and dated Weds 21 April 1819. Keats typically wrote a running commentary to George and his wife Georgiana in America, then loosely grouped the pages together as one long letter. The letter which contains *La Belle* spans almost three

O what can ail thee, knight at arms,
    Alone and palely loitering?
The sedge has wither'd from the lake
    And no birds sing.

O what can ail thee, knight at arms,
    So haggard and so woe-begone?
The squirrel's granary is full,
    And the harvest's done.

I see a lily on thy brow
    With anguish moist and fever dew
And on thy cheeks a fading rose
    Fast withereth too.

I met a lady in the meads,
    Full beautiful, a fairy's child;
Her hair was long, her foot was light,
    And her eyes were wild.

I made a garland for her head,
    And bracelets too, and fragrant zone;
She looked at me as she did love,
    And made sweet moan.

---

months, from 14 February to 3 May 1819. It also contains other famous poems, including 'Why did I laugh tonight?' which ends, prophetically enough, "Verse, fame and Beauty are intense indeed/ But Death intenser — Death is Life's high mead." Also included are 'To Sleep' and 'On Fame.' The letter ends with the beautiful 'Ode to Psyche', of which Keats wrote: "The following Poem — the last I have written is the first and the only one with which I have taken even moderate pains — I have for the most part dash'd of[f] my lines in a hurry — ." Note: In 1893, the pre-Raphaelite painter John William Waterhouse was inspired by *La Belle Dame Sans Merci* to create one of his most famous works.

I set her on my pacing steed,
    And nothing else saw all day long,
For sidelong would she bend, and sing
    A faery's song.

She found me roots of relish sweet,
    And honey wild, and manna-dew,
And sure in language strange she said —
    'I love thee true'.

She took me to her elfin grot,
    And there she wept and sighed full sore,
And there I shut her wild wild eyes
    With kisses four.

And there she lulled me asleep
    And there I dreamed — Ah! woe betide! —
The latest dream I ever dreamt
    On the cold hill side.

I saw pale kings and princes too,
    Pale warriors, death-pale were they all;
They cried — 'La Belle Dame sans Merci
    Hath thee in thrall!'

I saw their starved lips in the gloam,
    With horrid warning gaped wide,
And I awoke and found me here,
    On the cold hill's side.

And this is why I sojourn here
    Alone and palely loitering,
Though the sedge is withered from the lake,
    And no birds sing.

Ode to a Nightingale

1

My heart aches, and a drowsy numbness pains
  My sense, as though of hemlock I had drunk,
Or emptied some dull opiate to the drains
  One minute past, and Lethe-wards had sunk:
'Tis not through envy of thy happy lot,
  But being too happy in thine happiness —
    That thou, light-winged Dryad of the trees,
        In some melodious plot
  Of beechen, green, and shadows numberless,
    Singest of summer in full-throated ease.

2

O, for a draught of vintage! that hath been
  Cooled a long age in the deep-delved earth,
Tasting of Flora and the country green,
  Dance, and Provencal song, and sunburnt mirth!
O for a beaker full of the warm South,
  Full of the true, the blushful Hippocrene,
    With beaded bubbles winking at the brim,
        And purple-stained mouth;
  That I might drink, and leave the world unseen,
    And with thee fade away into the forest dim:

3

Fade far away, dissolve, and quite forget
  What thou among the leaves hast never known,
The weariness, the fever, and the fret
  Here, where men sit and hear each other groan;
Where palsy shakes a few, sad, last gray hairs,
  Where youth grows pale, and specter-thin, and dies;
    Where but to think is to be full of sorrow

And leaden-eyed despairs,
Where Beauty cannot keep her lustrous eyes,
Or new Love pine at them beyond tomorrow.

4

Away! away! for I will fly to thee,
Not charioted by Bacchus and his pards,
But on the viewless wings of Poesy,
Though the dull brain perplexes and retards:
Already with thee! tender is the night,
And haply the Queen-Moon is on her throne,
Clustered around by all her starry Fays;
But here there is no light,
Save what from heaven is with the breezes blown
Through verdurous glooms and winding mossy ways.

5

I cannot see what flowers are at my feet,
Nor what soft incense hangs upon the boughs,
But, in embalmed darkness, guess each sweet
Wherewith the seasonable month endows
The grass, the ticket, and the fruit tree wild;
White hawthorn, and the pastoral eglantine;
Fast fading violets covered up in leaves;
And mid-May's eldest child,
The coming musk-rose, full of dewy wine,
The murmurous haunt of flies on summer eves.

6

Darkling I listen; and for many a time
I have been half in love with easeful Death,
Called him soft names in many a mused rhyme,
To take into the air my quiet breath;
Now more than ever seems it rich to die,

To cease upon the midnight with no pain,
While thou art pouring forth 쇼 soul abroad
In such an ecstasy!
Still wouldst thou sing, and I have ears in vain —
To thy high requiem become a sod.

7

Thou wast not born for death, immortal Bird!
No hungry generations tread thee down;
The voice I hear this passing night was heard
In ancient days by emperor and clown:
Perhaps the selfsame song that found a path
Through the sad heart of Ruth, when, sick for home,
She stood in tears amid the alien corn;
The sane that ofttimes hath
Charmed magic casements, opening on the foam
Of perilous seas, in faery lands forlorn.

8

Forlorn! the very word is like a bell
To toll me back from thee to my sole self!
Adieu! the fancy cannot cheat so well
As she is famed to do, deceiving elf.
Adieu! adieu! thy plaintive anthem fades
Past the near meadows, over the still stream,
Up the hill side; and now 'tis buried deep
In the next valley-glades:
Was it a vision, or a waking dream?
Fled is that music: — Do I wake or sleep?

Ode on a Grecian Urn

1

Thou still unravished bride of quietness,
  Thou foster child of silence and slow time,
Sylvan historian, who canst thus express
  A flowery tale more sweetly than our thyme:
What leaf-fringed legend haunts about thy shape
  Of deities or mortals, or of both,
    In Temper or the dales of Arcady?
  What men or gods are these? What maidens loath?
What mad pursuit? What struggle to escape?
    What pipes and timbrels? What wild ecstasy?

2

Heard melodies are sweet, but those unheard
  Are sweeter; therefore, ye soft pipes, play on;
Not to the sensual ear, but, more endeared,
  Pipe to the spirit ditties of no tone:
Fair youth, beneath the trees, thou canst not leave
  Thy song, nor ever those trees be bare;
    Bold Lover, never, never canst thou kiss;
Though winning near the goal — yet, do not grieve;
    She cannot fade, though thou hast not thy bliss,
  Forever wilt thou love, and she be fair!

3

Ah, happy, happy boughs! that cannot shed
  Your leaves, nor ever bid the Spring adieu;
And, happy melodist unwearied,
  Forever piping songs forever new;
More happy love! more happy, happy love!
  Forever warm and still to be enjoyed,

Forever panting, and forever young;
All breathing human passion far above,
That leaves a heart high-sorrowful and cloyed,
A burning forehead, and a parching tongue.

4

Who are these coming to the sacrifice?
To what green altar, O mysterious priest,
Lead'st thou that heifer lowing at the skies,
And all her silken flanks with garlands dressed?
What little town by river or sea shore,
Or mountain-built with peaceful citadel,
Is emptied of this folk, this pious mom?
And, little town, thy streets forevermore
Will silent be; and not a soul to tell
Why thou art desolate, can e'er return.

5

O Attic shape! Far attitude! with brede
Of marble men and maidens overwrought,[139)]
With forest branches and the trodden weed;
Thou, silent form, dost tease us out of thought
As doth eternity: Cold Pastoral!
When old age shall this generation waste,
Thou shalt remain, in midst of other woe
Than ours, a friend to man, to whom thou say'st,
"Beauty is truth, truth beauty," — that is all
Ye know on earth, and all ye need to know.

---

139) ornamented all over ("overwrought") with an interwoven pattern ("brede").

Ode on Melancholy[140)]

1

No, no, go not to Lethe, neither twist
Wolf's bane, tight-rooted, for its poisonous wine;
Nor suffer thy pale forehead to be kissed
By nightshade, Ruby grape of Proserpine;[141)]
Make not your rosary of yew-berries,[142)]
Nor let the beetle, nor the death-moth be
Your mournful Psyche,[143)] nor the downy owl
A partner in your sorrow's mysteries;
For shade to shade will come too drowsily,
And drown the wakeful anguish of the soul.

2

But when the melancholy fit shall fall
Sudden from heaven like a weeping cloud,
That fosters the droop-headed flowers all,
And hides the green hill in an April shroud;

---

140) This is Keats's best-known statement of his recurrent theme of the mingled contrarieties of life. The remarkable last stanza, in which Melancholy becomes a veiled goddess in a mystery religion, implies that it is the tragic human destiny that beauty, joy, and life itself owe not only their quality but their value to the fact that they are transitory and turn into their opposites.

141) The wife of Pluto and queen of the infernal regions. "Nightshade" and "wolf's-bane" are poisonous plants.

142) symbol of death.

143) In ancient times, Psyche (the soul) was sometimes represented as a butterfly or moth, fluttering out of the mouth of a dying man. The allusion may also be to the death's-head moth, which has skull-like markings on its back. The "beetle" of line 6 refers to replicas of the large black beetle, the scarab, which were often placed by Egyptians in their tombs as a symbol of resurrection.

Then glut thy sorrow on a morning rose,
Or on the rainbow of the salt sand-wave,
Or on the wreath of globed peonies;
Or if thy mistress some rich anger shows,
Imprison her soft hand, and let her rave,
And feed deep, deep upon her peerless eyes.

3

She dwells with Beauty — Beauty that must die;
And Joy, whose hand is ever at his lips
Bidding adieu; and aching Pleasure nigh,
Turning to Poison while the bee-mouth sips:
Aye, in the very temple of Delight
Veiled Melancholy has her sovreign shrine,
Though seen of none save him whose strenuous tongue
Can burst Joy's grape against his palate fine:
His soul shall taste the sadness of her might,
And be among her cloudy trophies hung.

Reference

국내 참고문헌

강선구. 『윌리엄 블레이크의 예술세계』. 한남대학교출판부, 2003.

강엽. 『윌리엄 블레이크의 시와 사상』. 부산대학교출판부, 2004.

강옥선, 이상우, 홍옥숙. 『블레이크와 작은 천국』. 동인, 2004.

김대환. 『하이데거로 해석한 워즈워스의 시 세계』. 한국학술정보, 2005.

김정근. 『콜리지의 문학과 사상』. 한신문화사, 1996.

김종갑. 『삶으로서의 문학』. 건국대학교출판부, 1994.

메드윈, 토마스(Medwin, Thomas). 김명복 옮김. 『바이런』(Byron). 태학사, 2004.

여홍상. 『콜리지: 문학과 사상』. 건국대학교출판부, 1996.

월쉬, 존 에반젤리스트(Walsh, John Evangelist). 이종인 역. 『죽기 전 100일 동안』(Darkling I listen: the last days and death of John Keats). 마음산책, 2002.

윤준. 『콜리지의 시 연구』. 동인, 2001.

윤효녕. 『바이런의 유물론적 시학』. 단국대학교출판부, 1999.

윤효녕, 최문규, 고갑희. 『19세기 자연과학과 자연관』. 서울대학교출판부, 1997.

이경옥. 『영국의 낭만주의』. 연세대학교출판부, 2004.

이재호 옮김. 『낭만주의 영시』. 탐구신서 156. 탐구당, 1976, 1984.

이정호. 『영시 새로 읽기: 워즈워스, 키츠 그리고 T. S. 엘리엇』. 서울대학교출판부, 1998.

_____. 『영국 낭만시 문화 새로 읽기』. 서울대학교출판부, 2001.

정식헌. 『워즈워스의 감각력』. 푸른사상, 2001.

정혜경. 『Blake의 Revolutionary Discourses』. 연세대학교 박사학위논문, 1992.

허천택. 『영국 낭만주의 문학 연구』. 동국대학교출판부. 2003.

Reference in English

Abrams, M. H. *The Mirror and the Lamp: Romantic Theory and The Critical Tradition.* New York: Oxford University Press, 1953.

______. *Natural Supernaturalism: Tradition and Revolution in Romantic Literature.* New York: W.W. Norton and Co., 1971.

______. (ed). *English Romantic Poets: Modern Essays in Criticism.* London: Oxford University Press, 1975.

______. *A Glossary of Literary Terms.* 8th Edition. Boston: Thomson Wadworth, 2005.

Alexander, Meena. *Women in Romanticism,* Basingstoke and London, Macmillan Education.

Armstrong, Isobel. 'The Gush of The Feminine: How Can We Read Women's Poetry of the Romantic Period?' in Paula R. Feldman and Theresa M. Kelley (eds) *Romantic Women Writers: Voices and Countervoices.* Hanover and London: University Press of New England, 1995.

________. *Victorian Poetry: Poetry, Poetics and Politics.* London and New York: Routledge, 1993.

Auden, W. H. 'Introduction to Byron.' *Selected Poetry and Prose of Byron.* New York: New American Library, 1966.

Babbit, Irving. *Rousseau and Romanticism.* Boston and New York: Riverside Press, 1919.

Barber, Charles. *Poetry in English: An Introduction.* Hong Kong: Macmillan, 1986.

Baker, Carlos (ed). *Selected Poetry and Prose of Shelley.* New York: Random House, 1951.

Barzun, Jacques. *Classic, Romantic and Modern.* London: Secker and Warburg, 1962.

Bate, Walter Jackson (ed). *Criticism: The Major Texts.* New York: Harcourt Brace Jovanovich, 1972.

____. *Keats.* Cambridge, Mass.: Harvard University Press, 1979.

Bateson, F. W. *English Poetry: A Critical Introduction.* London: Longmans,

1971.

Belsey, Catherine. 'The Romantic Construction of the Unconscious.' Eds. Francis Barker & als, *Literature, Politics and Theory: Papers from the Essex Conference 1976-84*. London and New York: Methuen, 1986.

Bewley, Marius (ed). *The English Romantic Poets*. New York: The Modern Library, 1970.

Bloom, Harold. *The Visionary Company: A Reading of English Romantic Poetry*. Ithaca, New York: Cornell University Press, 1971.

_____. (ed). *Romanticism And Consciousness: Essays in Criticism*. New York: W.W. Norton & Company, 1970.

_____. (ed). *The Selected Poetry and Prose of Shelley*. New York: The New American Library, 1966.

_____. *Shelley's Mythmaking*. Ithaca, New York: Cornell University Press, 1969.

Bowra, C. M. *The Romantic Imagination*. London: Oxford University Press, 1950.

Bronson, Bernard H. (ed). *Samuel Johnson: Rasselas, Poems, and Selected Prose*. New York: Holt, Rinehart and Winston, 1971.

Brooks, Cleanth. *The Well Wrought Urn: A Study in the Structure of Poetry*. London: Methuen, 1968.

_____. & Warren, Robert Penn. *Understanding Poetry*. New York: Holt, Rinehart and Winston, 1960.

Buber, Martin. *I and Thou*, tr. Ronald Gregor Smith. Edinburgh & New York: Scribner's, 1937.

Bush, Douglas. *English Poetry: The Main Currents from Chaucer to the Present*. London: Methuen, 1965.

Butler, Marilyn. *Romantics, Rebels and Reactionaries: English Literature and Its Background 1760-1830*. Oxford: Oxford University Press, 1981.

Chase, Richard (ed). *Romanticism*. London and New York: Longman, 1993.

Coleridge, S. T. *Biographia Literaria*. Ed. John Shawcross. Oxford: Clarendon Press, 1907.

Copley, Stephen and Whale, John (eds). *Beyond Romanticism: New Approaches to Texts and Contexts 1780–1832*. London and New York: Routledge, 1992.

Curran, Stuart. *The Cambridge Companion to British Romanticism*. Cambridge: Cambridge University Press, 1993.

Day, Aidan. *Romanticism*. London and New York: Routledge, 1996.

Eliot, T. S. *Selected Essays*. London: Faber & Faber, 1969.

Erdman, David V. *Blake: Prophet Against Empire. A Poet's Interpretations of the History of his own Times*. Princeton: Princeton University Press, 1954.

Forman, Maurice Buxton (ed). *The Letters of John Keats*. London, New York and Toronto: Oxford University Press, 1952.

Frye, Northrop. *Fearful Symmetry: A Study of William Blake*. 1st published 1947. Boston: Beacon, 1962.

___. (ed). *Romanticism Reconsidered*. NY and London: Columbia University Press, 1963.

Garrett, John. *British Poetry Since the Sixteenth Century*. London: Macmillan, 1986.

Garrod, H. W. (ed). *Keats's Poetical Works*. Oxford: Oxford University Press, 1958.

George, Andrew J. *The Complete Poetical Works of Words-worth*. Boston: Houghton Mifflin, 1932.

Gillham, D. G. *William Blake*. London: Cambridge University Press, 1971.

Gittings, Robert (ed). *Letters of John Keats*. London: Oxford University Press, 1971.

Gleckner, Robert F. and Greenberg, Mark L. (eds). *Approaches to Teaching Blake's Songs of Innocence and of Experience*. New York: Modern Language Association of America, 1989.

Gurney, Stephen. *British Poetry of the Nineteenth Century*. New York: Twayne Publishers, 1993.

Hamiton, Paul. *Coleridge's Poetics*. Oxford: Blackwell, 1983.

Hartman, Geoffrey. *Wordsworth's Poetry 1787–1814*. New Haven and London: Yale University Press, 1964.

Hodgart, Patricia. *A Preface to Shelley*. London and New York: Longman, 1985.

Homans, Margaret. *Bearing the Word: Language and Female Experience in Nineteenth Century Women's Writing*. Chicago and London: University of Chicago Press, 1986.

Hutchinson, Thomas (ed). *The Complete Poetical Works of Percy Bysshe Shelley*. London: Oxford UP, 1923.

Jackson, H. J. (ed). *The Oxford Authors: Samuel Taylor Coleridge*. Oxford: Oxford University Press, 1985.

Jacobus, Mary. *Tradition and Experiment in Wordsworth's 'Lyrical Ballads' (1798)*. Oxford: Clarendon Press, 1976.

James, D. G. *Romantic Comedy*. London: Oxford University Press, 1963.

Johnston, Arthur (ed). *Selected Poems of Thomas Gray and William Collins*. Columbia: Univ. of South Carolina Press, 1970.

Keynes, Geoffrey (ed). *The Complete Writings of William Blake*. London: Oxford University Press, 1966.

Knight, Wilson. *The Starlit Dome: Studies in the Poetry of Vision*. London: Oxford University Press, 1971.

Leighton, Angela. *Shelley and the Sublime: An Interpretation of the Major Poems*. Cambridge: Cambridge University Press, 1984.

Lerner, Laurence. *An Introduction to English Poetry*. London: Edward Arnold, 1975.

Levinson, Marjorie. *Wordsworth's Great Period Poems: Four Essays*. Cambridge: Cambridge University Press, 1986.

Lott, James. 'Keats's "Autumn": The Poetic Consciousness and the Awareness of Process.' *Studies in Romanticism*, 9/2 (1920): 71-89.

Lovejoy, Arthur O. 'On the Discrimination of Romanticisms'. *PMLA* 39 (1924): 229-53.

McGann, Jerome. *Romantic Ideology: A Critical Investigation*. Chicago and London: University of Chicago Press, 1983.

Mayo, Robert. 'The Contemporaneity of the Lyrical Ballads'. *PMLA* 69 (1954): 486-522.

Mellor, Anne K. (ed). *Romanticism and Feminism*. Bloomington and Indianapolis: Indiana University Press, 1988.

_____ . *Romanticism and Gender*. New York and London: Routledge, 1993.

Moorman, Mary. *William Wordsworth, A Biography: Early Years 1770-1803*. London and New York: Oxford University Press, 1968.

Nemoinu, Virgil. 'The Dialectics of Movement in Keats's "To Autumn"'. *PMLA*, 93/2 (1978): 209-31.

O'Flinn, Paul. *How to Study Romantic Poetry*. 2nd Edition. London: Macmillan, 2001.

Perkins, David (ed). *English Romantic Writers*. New York: Harcourt Brace Jovanovich, 1967.

_____ . *The Quest for Permanence: The Symbolism of Wordsworth, Shelley, Keats*. Cambridge, MA.: Harvard University Press, 1959.

Porter, Roy and Teich, Mikuläš (eds). *Romanticism in National Context*. Cambridge: Cambridge University Press, 1988.

Pottle, Frederick. 'The Case of Shelley.' *PMLA* 67 (1952).

Prickett, Stephen. *England and the French Revolution*. London: Macmillan Education, 1989.

Purkis, John. *A Preface to Wordsworth*. New York: Longman, 1982.

Reiman, Donald H. and Powers S. B. (ed). *Shelley's Poetry and Prose*. New York & London: W. W. Norton & Company, 1977.

Roe, Nicholas. *Wordsworth and Coleridge: Radical Years*. Oxford: Oxford University Press, 1988.

Simpson, David. *Wordsworth's Historical Imagination: The Poetry of Displacement*. New York and London: Methuen, 1987.

Spivak, Gayatri Chakraborty. 'Sex and History in *The Prelude* (1805): Books Nine to Thirteen'. *Texas Studies in Literature and Language*, 23 (1981): 324-60.

Thompson, E. P. *The Making of the English Working Class*. London: Penguin Books, 1963, 1991.

Trilling, Lionel. *Experience of Literature: Poetry*. New York: Columbia University Press, 1967.

Unger, Leonard & O'Connor, William Van. *Poems for Study: A Critical and Historical Introduction*. New York: Rinehart & Company, 1953.

Wasserman, Earl R. *The Finer Tone: Keats' Major Poems*. Baltimore: Johns Hopkins University Press, 1953.

Watson, J. R. *English Poetry of the Romantic Period 1789-1830*. London and New York: Longman, 1985.

Watts, Cedric. *A Preface to Keats*. London & New York: Longman, 1985.

Wellek, René. 'Concept of "Romanticism" in Literary History: I. The Term "Romantic" and Its Derivations'. *Comparative Literature* 1/1 (Winter 1949): 1-23.

Willey, Wasil. *The Eighteenth Century Background*. Harmon- dsworth: Chatto & Windus, 1979.

Wimsatt, William K. Jr. (ed). *Alexander Pope: Selected Poetry and Prose*. New York: Holt, Rinehart and Winston, 1951.

Woodring, Carl. *Politics in English Romantic Poetry*. Cambridge, MA: Harvard University Press, 1970.

Wu, Duncan (ed). *Romanticism: A Critical Reader*. Oxford and Cambridge, MA: Blackwell, 1994.

Internet Sites

• http://rpo.library.utoronto.ca/poem/
• http://www.sparknotes.com/
• http://en.wikipedia.org/
• http://www.poets.org/

Verse and Prose Quoted

Chronology

1751 Publication of Gray's 'Elegy.'

1756 Start of Seven Year's War with France.

1757 Blake born, London.

Clive's defeat of French in India.

1758 Robinson born, Bristol.

1759 Wollstonecraft born, Epping.

1760 Reign of George III (until 1820)

1764 Discovery of steam power by Watt.

Hargreaves invents spinning jenny.

1968 Cook's first voyage to Australia.

Foundation of Royal Academy under Joshua Reynolds.

1769 Watt patents steam engine.

1770 Estimated population of England and Wales: 7.48 million.

Wordsworth born, Cockermouth, Cumberland.

1772 Coleridge born, Ottery St Mary, Devon.

1774 Priestley discovers oxygen.

1775 Austen born, Steventon, Hampshire.

Mary Robinson spends ten mouths in King's Bench Prison.

American War of Independence (until 1783)

1776 American Declaration of Independence.

1779 Crompton invents spinning mule.

1780 Gordon Riots: Blake at the burning of Newgate Prison.

1781 Publication of Rousseau's *Confessions*.

1783 Treaty of Versailles: American independence recognised.

1785 Cartwright invents power loom.

Ann Yearsley, *Poems on several Occasions*.

1787 American Constitution signed.

1788 Byron born, London.

1789 Fall of the Bastille: French Revolution begins.
Publication of Blake's *Songs of Innocence*.
Publication of Elizabeth Hands's *The Death of Amnon*.

1971 Publication of Tom Paine's *Rights of Man*, Part One.

1792 Royal Proclamation Against Divers Seditious Publications.
Paine outlawed.
Continental allies invade France. September massacres in Paris.
Shelley born, Warnham, Sussex.
Paine, *Rights of Man*, Part Two.
Wollstonecraft, *A Vindication of the Rights of Woman*.

1793 Louis XVI executed. Britain and France at war.
The Reign of Terror.
Godwin, *Enquiry Concerning Political Justice*.
Wordsworth, 'Reply to the Bishop of Llandaff'.

1794 Fall of Robespierre and end of Reign of Terror.
Trial and acquittal of Holcroft, Thelwall and Tooke.
Blake, *Songs of Innocence and of Experience*.

1795 Seditious Meetings Act and Treasonable Practices Act.
Keats born, London.

1796 Coleridge, *Poems on Various Subjects*.

1797 Coleridge writes 'Kubla Khan'.
Wollstonescraft dies.

1798 Wordsworth and Coleridge, *Lyrical Ballads*.

1799 London Corresponding Society suppressed.
Pitt's Combination Acts make trade unions illegal.
Napoleon assumes absolute power as First Consul.
Wordsworth completes two-part *Prelude*.
Robinson, *A Letter to the Women of England*.

1800 Britain produces over 80 per cent of world's coal and over 40 per cent of pig iron.
Wordsworth, Preface to *Lyrical Ballads*, second edition.

1802 Peace of Amiens (March): brief interlude in Anglo-French war.
First practical steamship launched on Clyde.

1803 Anglo-French war resumes.

1804 Napoleon becomes Emperor. Blake tried for sedition and acquitted.

1805 Battle of Trafalgar.
Wordsworth completes second version of *The Prelude*.

1807 Slave trades abolished. End of Wordsworth's 'fertile' period.

1809 Tennyson born.

1810 Cobbett imprisoned for two years for attacking the use for flogging in the army.

1811 George III declare insane; Prince George's regency (until 1820).
Population of England and Wales: 10.16 million.
First attacks by Luddites in Nottinghamshire.

1812 Tory Prime Minister Spencer Perceval murdered.
Publication of Cantos I and II of Byron's *Childe Harold's Pilgrimage*.
Browning born.

1813 Leigh Hunt imprisoned for two years for libelling the Prince Regent.
Southey Poet Laureate.
Wordsworth Distributor of Stamps for Westmorland.
Publication of Jane Austen's Pride and Prejudice.

1814 Napoleon abdicates.
Stephenson's locomotive.
Wordsworth, *The Excursion*.

1815 Battle of Waterloo. End of Anglo-French war.
Restoration of Louis XVIII.

1816 Coleridge, *Christabel, Kubla Khan, Pains of Sleep*.

1817 Habeas Corpus suspended.
Coleridge, *Biographia Literaria*. Keats, *Poems*.

1818 Keats starts *Hyperion* and publishes *Endymion.*

1819 Peterloo Massacre in Manchester. 'Six Acts' severely limit the freedom of the press and the right to demonstrate.
Shelly's 'England in 1919', 'Ode to the West Wind' and Act III of *Prometheus Unbound written.*
Keats starts *The Fall of Hyperion* and writes 'La Belle Dame sans Merci' and his six major odes.

1820 Reign of George IV (until 1830).
Keats, *Lamia*, *Isabella*, *Eve of St Agnes and Other Poems.*

1821 Population of England and Wales: 12 million.
Napoleon dies.
Keats dies in Rome.

1822 Foreign Secretary Castlereagh commits suicide.
Shelley dies in Italy. Arnold born.

1823 Publication of Byron's *Don Juan.*

1824 Byron dies in Greece.

1825 Stockton and Darling railway opened.

1827 Blake dies.

1830 Reign of William IV (until 1837).

1832 First Reform Act passed, extending vote among middle classes.